일본어와 우리말은 지나치게 비슷하다 3

1판 1쇄 2018년 5월 1일

저　　자　이화정, Mr. Sun 어학연구소
펴 낸 곳　OLD STAIRS
출판 등록　2008년 1월 10일 제313-2010-284호
이 메 일　oldstairs@daum.net

가격은 뒷면 표지 참조
ISBN 978-89-97221-67-7

이 책의 전부 또는 일부를 재사용하려면 반드시 OLD STAIRS의 동의를 받아야 합니다.
잘못 만들어진 책은 구매하신 서점에서 교환하여 드립니다.

ちょうかんたん	にほんご	きょうざい
초-칸탄	니홍고	교-자이

접속조사 て

て 테 는 두 표현을 연결하는 접속조사입니다.

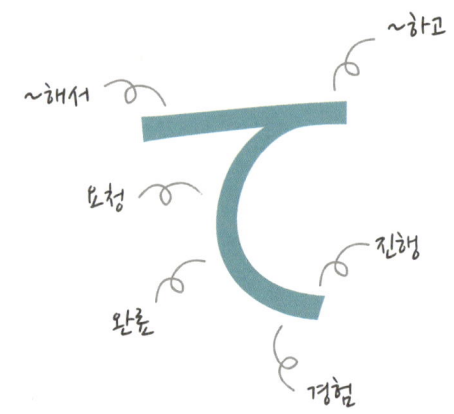

~하고
~해서
요청
완료
진행
경험

て 의 주요 용법 2가지

て 테 는 여러 가지 용도로 사용되는 매우 중요한 표현입니다.
그중 가장 기본이 되는 2가지 용법은 '~하고'와 '~해서'입니다.

동사와 함께	な형용사와 함께	い형용사와 함께
먹고 먹어서 **食べて** 타베 테	편리하고 편리해서 **便利で** 벤리 데	춥고 추워서 **寒くて** 사무 쿠 테

て 의 부정 용법 2가지

이번에는 て 테 의 부정문에 대해 배워보겠습니다.

동사와 함께	な 형용사와 함께	い 형용사와 함께
먹지 않고 食べ ないで 타베 나이데	편리하지 않고 편리하지 않아서 便利ではなくて (조사/부정) 벤리 데와 나쿠테	춥지 않고 춥지 않아서 寒くなくて (어미/부정) 사무 쿠 나쿠테
먹지 않아서 食べ なくて 타베 나쿠테		

동사+て 테 의 부정문은 의미에 따라 2가지 모양이 됩니다.

않고 [방법과 결과]
ないで

오븐을 사용하지 않고 만들었다.
オーブンを使わないで作った。
오-붕   오 츠카와나이데 츠쿳타.

않아서 [원인과 결과]
なくて

자지 않아서 피곤했다.
寝なくて 疲れた。
네 나쿠테   츠카레타.

な 나 형용사와 い 이 형용사를 て 테 의 부정문으로 만드는 방법은 아래와 같습니다.

な 형용사 어간 + では데와 **+ なくて**나쿠테
い 형용사 어간 + く쿠 **+ なくて**나쿠테

일본어와 우리말은 지나치게 비슷하다

읽어보세요!

그룹별 ないで 나이데 와 なくて 나쿠테 접속법

〈1그룹 동사〉

歌う
[우타우]

끝에가 あ단으로 변화 う일 땐 わ 가 된다!!

| 노래하지 않고 | 우타 와 나이데
歌わないで |
| 노래하지 않아서 | 우타 와 나쿠테
歌わなくて |

〈2그룹 동사〉

食べる
[타베루]

| 먹지 않고 | 타베 나이데
食べないで |
| 먹지 않아서 | 타베 나쿠테
食べなくて |

〈3그룹 동사〉

する
[스루]

| 하지 않고 | 시 나이데
しないで |
| 하지 않아서 | 시 나쿠테
しなくて |

くる
[쿠루]

| 오지 않고 | 코 나이데
こないで |
| 오지 않아서 | 코 나쿠테
こなくて |

명령과 부탁

회화에서는 동사의 て테형을 **요청형**으로 쓰기도 합니다.
食べて 타베테 라고만 하면 '먹고'나 '먹어서' 외에 '먹어 줘'라고 해석될 수도 있는 것입니다. 이 페이지에서는 명령하거나 부탁하는 표현에 대해 알아보겠습니다.

	어간	어미	
먹다	食べ 타베	る 루	
↓			
먹어라	食べ 타베		ろ 로
먹으세요	食べ 타베		なさい 나사이
먹지 마라	食べ 타베	る 루	な 나
먹자	食べ 타베		よう 요오
먹읍시다	食べ 타베		ましょう 마쇼오
먹어 줘	食べ 타베		て 테
먹어 주세요	食べ 타베		て ください 테 쿠다사이

음편현상

2그룹 동사는 어간은 그대로 두고, 마지막 글자 る루만 떼고 변화하는 게 특징이었습니다. 동사의 て테형으로 변할 때도 마찬가지로, 마지막 글자 る루를 떼고 て테를 붙이면 됩니다.

* 2그룹 동사 예시

1그룹 동사의 て테은 좀 더 복잡합니다. 음편현상이 일어나기 때문입니다.
이 음편현상은, 1그룹 동사가 과거형으로 변할 때 일어나는 음편현상과 같습니다.
다른 것은 た타가 て테로, だ다가 で데로 변한다는 것뿐입니다.

* 1그룹 동사 예시

음편현상이란

1. 음편현상은 발음을 간단하게 하기 위해 일어납니다.

2. 음편현상은 오직 1그룹 동사에서만 일어납니다.
   2그룹 동사를 활용할 때는 마지막 글자를 제거한다는 점이
   1그룹 동사의 활용과 다르기 때문입니다.

3. 음편현상은 1그룹 동사 뒤에 다음 표현을 붙여줄 때 일어납니다.

– た	타	과거형 (〜했다)
– て/で	테/데	조사 (〜하고) *중요
– たら	타라	조사 (〜하면)
– たり	타리	조사 (〜하거나)

4. 음편현상으로 인해 발음이 어떻게 바뀔지는 1그룹 동사의 마지막
   글자에 의해 결정됩니다.

 읽어보세요!

음편현상은 ㅌ, ㄷ 발음과 함께 발생한다는 것을 알 수 있습니다. 하지만 1그룹 동사 뒤에, ㅌ, ㄷ 발음이 왔다고 해서 무조건 음편현상이 발생하는 것은 아닙니다.
음편현상은 1그룹 동사 뒤에 위 4가지의 ㅌ, ㄷ 발음이 따라왔을 때만 발생합니다.

음편현상은 1그룹 동사의 마지막 글자가 결정합니다.

* す스가 して시테로 변하는 것은
사실 음편현상이 아니라 정상적인 어미 변화입니다.
하지만 어차피 음편현상과 함께 외워야 합니다.

일본어와 우리말은 지나치게 비슷하다

買う 카우	사다	→	買って 캍테	사서
打つ 우츠	때리다		打って 욷테	때려서
座る 스와루	앉다		座って 스왇테	앉아서

| 飲む 노무 | 마시다 | → | 飲んで 논데 | 마셔서 |
| 遊ぶ 아소부 | 놀다 | | 遊んで 아손데 | 놀아서 |

| 聞く 키쿠 | 듣다 | → | 聞いて 키이테 | 들어서 |

| 泳ぐ 오요구 | 수영하다 | → | 泳いで 오요이데 | 수영해서 |

| 探す 사가스 | 찾다 | → | 探して 사가시테 | 찾아서 |

ぬ 누 로 끝나는 동사도 역시 んで ㄴ데 라고 합니다.
하지만, ぬ 로 끝나는 동사는 死ぬ 시누 ㅣ죽다 라는 단어 하나밖에 없습니다.
'죽어서'는 死んで 신데 라고 합니다.

の의 용법

の 노 의 주요 용법에는 다음 3가지가 있습니다.

1. 나의 가방
2. 나의 것
3. 선생님인 타나카 씨

1   수식의 の 노

> **私 の カバン**   나의 가방
> 와타시 노 카방
>
> **ソウル の 名所**   서울의 명소
> 소오루 노 메에쇼

수식의 の 노 는 우리말의 의로 번역됩니다.
의를 붙이면 앞 단어가 뒤의 단어를 수식하게 됩니다.
우리말과 똑같이 말입니다.

> **日本語 の 先生**   일본어 선생님
> 니홍고 노 센세에
>
> **博士 の 学位**   박사 학위
> 학시 노 가쿠이

하지만 우리말과 다를 때도 있습니다.
우리말에서는 의를 사용하지 않아도, 일본어에서는 の 노 를 사용합니다.
이 の 노 는 아무런 뜻이 없고 우리말로 번역하지도 않습니다.

2 소유대명사 の 노

> **それは私の です。** 그것은 내 것입니다.
> 소레 와 와타시 노 데스.
>
> **それは私の カバンです。** 그것은 나의 가방입니다.
> 소레 와 와타시 노 카방 데스.

の 노 는 ~의 것이라는 의미로도 사용합니다.
따라서 私の 와타시노 라고 하면 2가지 의미입니다.

3 동격의 の 노

> **先生 の 田中 さん** 선생님인 타나카 씨
> 센세에 노 타나카 상
>
> **私の友達の桜井さん** 내 친구인 사쿠라이 씨
> 와타시 노 토모다치 노 사쿠라이 상

동격의 の 노 는 ~인으로 번역됩니다.
선생님과 타나카 씨는 같은 대상입니다.
선생님이 타나카 씨고, 타나카 씨가 선생님입니다.
두 번째 예문 역시 내 친구가 사쿠라이 씨고,
사쿠라이 씨가 내 친구라는 의미입니다.
이렇게 둘의 사이를 동격으로 잇는 것이 の 노 입니다.

일본어와 우리말은 지나치게 비슷하다 ③

日本語と韓国語はあまりにも似ている

もくじ
목차
모쿠지

본문 801-1200문장 ¹⁶⁻¹⁹³

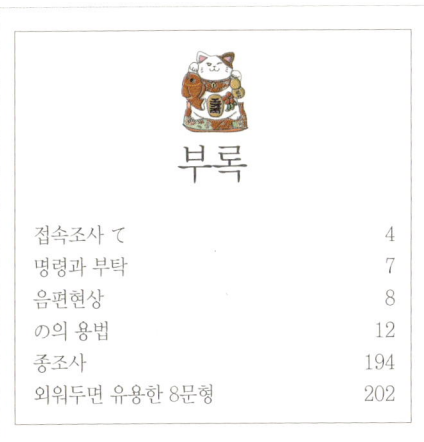

부록

접속조사 て	4
명령과 부탁	7
음편현상	8
の의 용법	12
종조사	194
외워두면 유용한 8문형	202

801

부레에쿠 타이무니 벤토오오 타베테 야스미마시타.

ブレイク タイムに 弁当を 食べて 休みました。

802

캉쿄오오센니 요루 / 치큐우노 헹카니 츠이테 싣테 이마스카?

環境汚染に よる / 地球の 変化に ついて 知って いますか?

803

콩 각키노 키마츠 테스토가 무즈카시쿠테 코마리마스.

今 学期の 期末 テストが 難しくて 困ります。

804

제미데 데앋타 / 히토토 악슈시테 이루.

ゼミで 出会った / 人と 握手して いる。

805

단치노 나카데 훋토보-루오 시테 이타.

団地の 中で フットボールを して いた。

이것이 한국말

브레이크 타임에 도시락을 먹고 쉬었습니다.

브레이크 타임에 도시락을 먹고 쉼했습니다.

일본어에서는 단어 앞에 お오나 ご고를 붙여서 단어 자체를 정중한 표현으로 만듭니다.
도시락(弁당 벤토오)은 お弁当 오벤토오 라고 합니다.

환경오염으로 인한 지구변화에 대해 알고 있나요?

환경오염에 의하다 / 지구의 변화에 관해서 알고 있습니까?

よる 요루 는 한자로는 因る 요루 라고 쓰는데, '~에 인하다', '원인이 되다'라는 뜻입니다.
に よる 니 요루 라고 하면 '~에 의해'라는 의미입니다.

이번 학기 기말시험이 어려워서 곤란합니다.

이번 학기의 기말 시험이 어려워서 곤란합니다.

이 문장에서 '곤란합니다(困ります 코마리마스)'는
'큰일입니다(大変です 타이헨데스)'로 바꿔 쓸 수 있습니다.

세미나에서 만난 사람과 악수하고 있다.

세미나에서 만났다 / 사람과 악수하고 있다.

ゼミ 제미 는 교수의 지도에 따라 특정 주제를 연구, 보고, 토론하는 수업을,
セミナー 세미나 는 특정한 주제로 열리는 연수회나 강습회를 의미합니다.

단지 안에서 풋볼을 하고 있었다.

단지의 안에서 풋볼을 하고 있었다.

풋볼(フットボール 훗토보-루)은
야구(野球 야큐우)나 피구(ドッジボール 돗지보-루) 등으로 바꿔 쓸 수 있습니다.

806

오토오토와 소화—데 오카시오 타베테 이루.

弟は ソファーで お菓子を 食べて いる。

807

마이밤 부로구니 닉키오 카이테 이마스.

毎晩 ブログに 日記を 書いて います。

808

뉴우각시키노 판후렌토오 이마모 몬테 이루.

入学式の パンフレットを 今も 持って いる。

809

지유우니 하타라키 타쿠테 후리—란사—니 나리마시타.

自由に 働き たくて フリーランサーに なりました。

810

미키사—노 에—젠시—오 웅에에시테 이마스카?

ミキサーの エージェンシーを 運営して いますか?

남동생은 소파에서 과자를 먹고 있다.

남동생은 소파에서 과자를 먹고 있다.

일본어에서 '동생'은 '여동생(妹 이모오토)'과 '남동생(弟 오토오토)'으로 구분되어 있습니다.
성별과 무관하게 사용할 수 있는 '동생'이란 단어는 없습니다.

매일 밤 블로그에 일기를 쓰고 있습니다.

매일 밤 블로그에 일기를 쓰고 있습니다.

每晩 마이방 은 '매일 밤'이라는 뜻입니다.
매일(每日 마이니치)이나 매일 아침(每朝 마이아사)으로 바꿔 쓸 수 있습니다.

입학식 팸플릿을 지금도 가지고 있다.

입학식의 팸플릿을 지금도 갖고 있다.

입학식(入学式 뉴우각시키)은
졸업식(卒業式 소츠교오시키)이나 박물관(博物館 하쿠부츠캉) 등으로 바꿔 쓸 수 있습니다.

자유롭게 일하고 싶어서 프리랜서가 됐습니다.

자유에 일함 하고 싶어서 프리랜서에 됨 했습니다.

우리는 '~이(가) 되다'라는 표현을 씁니다.
하지만 일본어에서는 に 니 (~에)를 써서, に なる 니 나루 (~에 되다)라는 표현을 씁니다.

믹서 대리점을 운영하고 있습니까?

믹서의 대리점을 운영하고 있습니까?

일본어에서는 명사 뒤에 바로 명사가 올 수 없습니다.
그래서 항상 명사와 명사 사이에 の 노 가 들어가는데, 이 の 노는 해석하지 않습니다.

811

시민 단타이가 츄우신니 낟테 캉쿄오 몬다이오 기론스루.

市民 団体が 中心に なって 環境 問題を 議論する。

812

아노 케에코쿠니 다무오 켄세츠시테 이루.

あの 渓谷に ダムを 建設して いる。

813

큐우나 코오즈이노 세에데 헤리코푸타-니 놋테 히난시타.

急な 洪水の せいで ヘリコプターに 乗って 避難した。

814

코오죠오데 슈우쇼쿠시테 하-도웨아오 츠쿳테 이마스.

工場で 就職して ハードウェアを 作って います。

815

혹케-데 페나루티오 우케테 안치가 쇼오지타.

ホッケーで ペナルティを 受けて アンチが 生じた。

시민 단체가 중심이 돼서 환경 문제를 의논하다.

시민 단체가 중심에 돼서 환경 문제를 의논하다.

する 스루(하다)는 앞에 명사를 붙여서 '명사 + 하다'라는 표현을 만들 수 있습니다.
이 문장에서는 의논(議論 기롱)이 사용되었습니다.

저 계곡에 댐을 건설하고 있다.

저 계곡에 댐을 건설하고 있다.

계곡(渓谷 케에코쿠)은
비슷한 뜻을 가진 다른 단어 '골짜기(谷 타니)'로 바꿔 쓸 수 있습니다.

갑작스러운 홍수 때문에 헬리콥터를 타고 피난했다.

갑작스러운 홍수의 탓으로 헬리콥터에 타서 피난했다.

우리말에서 '때문에'와 '덕분에'가 다르듯이,
일본어에서도 せいで 세에데(때문에)와 おかげで 오카게데(덕분에)를 구분해서 사용합니다.

공장에 취직해서 하드웨어를 만들고 있습니다.

공장에 취직해서 하드웨어를 만들고 있습니다.

일본어로 공장(工場)은 こうじょう 코오죠오 혹은 こうば 코오바라고 합니다.
こうじょう 코오죠오는 일반적인 공장, こうば 코오바는 소규모 공장을 말합니다.

하키에서 페널티를 받아서 안티팬이 생겼다.

하키에서 페널티를 받아서 안티팬이 생겼다.

일본어로 '받다'는 受ける 우케루 혹은 もらう 모라우를 씁니다.
受ける 우케루는 피해나 혜택, 상황 등 '물건이 아닌 것'을 받을 때 사용합니다.

816

하쿠부츠칸 노 판후렛토 오 이마 마데 못테 이타?

博物館の パンフレットを 今まで 持って いた?

817

신뉴우세에 오 다이효오 시테 시츠몬 시 하지메타.

新入生を 代表して 質問し 始めた。

818

카레 가 마타 코오엔 니 치콕 시테 코맏타.

彼が また 公演に 遅刻して 困った。

819

나이요오 가 무즈카시쿠테 시츠몬 시테 힉키 시타.

内容が 難しくて 質問して 筆記した。

820

카노죠 니 테레와-쿠 오 캉유우 시테 이루.

彼女に テレワークを 勧誘して いる。

이것이 한국말

박물관 팸플릿을 지금까지 가지고 있었어?

박물관의 팸플릿을 지금까지 갖고 있었다?

'지금까지(今まで 이마마데)'는 ~까지(まで 마데)' 대신 '~도(も 모)'를 사용해서
'지금도(今も 이마모)'라고 바꿔 쓸 수 있습니다.

신입생을 대표해서 질문하기 시작했다.

신입생을 대표해서 질문함 시작했다.

일본어로 '학생'은 **学生** 각세에 혹은 **生徒** 세에토 라고 합니다.
学生 각세에 는 대학생, **生徒** 세에토 는 초, 중, 고등학생이라는 뉘앙스가 있습니다.

그가 또 공연에 지각해서 곤란했다.

그가 또 공연에 지각해서 곤란했다.

일본어는 동음이어어가 많습니다.
그 예로, **公演**(공연), **講演**(강연), **公園**(공원)을 모두 こうえん 코오엥 이라고 읽습니다.

내용이 어려워서 질문하고 필기했다.

내용이 어려워서 질문하고 필기했다.

동사의 て 테형은 '~하고', '~해서'라는 의미로 두루 사용됩니다.

그녀에게 재택근무를 권유하고 있다.

그녀에게 재택근무를 권유하고 있다.

일본도 쟁글리시(Janglish)를 많이 사용합니다.
대표적인 예로 귀걸이(ピアス 피아스), 골판지(ダンボール 탐보-루) 등이 있습니다.

821

디나ー데 치킨 파ー티ー오 시테 이마시타.

ディナーで チキン パーティーを して いました。

822

후쿠자츠나 카오데 에에고노 쿄오카쇼오 미테 이타.

複雑な 顔で 英語の 教科書を 見て いた。

823

아타라시이 / 마후라ー토 마스쿠오 에란데 이마스.

新しい / マフラーと マスクを 選んで います。

824

소노 싱야쿠와 겐자이, 안젠세에노 켄사오 시테 이마스.

その 新薬は 現在、安全性の 検査を して います。

825

푸라스칙쿠데 바케츠오 츠쿳테 미마시타.

プラスチックで バケツを 作って みました。

이것이 한국말

저녁으로 치킨 파티를 하고 있었습니다.

저녁으로 치킨 파티를 하고 있었습니다.

일본어 조사 で 데는 장소, 이유, 수단 등 다양한 표현에 사용되는 조사입니다.
'~에서', '~으로' 등으로 해석됩니다.

복잡한 얼굴로 영어 교과서를 보고 있었다.

복잡한 얼굴로 영어의 교과서를 보고 있었다.

일본어의 형용사는 'い 이 형용사'와 'な 나 형용사'로 나뉩니다.
な 나 형용사는 마지막 글자 だ 다를 な 나로 바꾼 뒤에 명사를 붙입니다.

새 머플러랑 마스크를 고르고 있습니다.

새롭다 / 머플러와 마스크를 고르고 있습니다.

일본어의 조사 と 토 는 '~와(과)'라는 의미로, 앞과 뒤에 있는 명사를 연결하는 역할을 합니다.
비슷한 조사로는 や 야 가 있습니다.

그 신약은 현재 안전성 검사를 하고 있습니다.

그 신약은 현재, 안정성의 검사를 하고 있습니다.

우리말에서는 약을 '먹는다'고 하지만,
일본어에서는 약을 '마신다'고 합니다(薬 を 飲む 쿠스리 오 노무). 씹지 않고 넘기기 때문입니다.

플라스틱으로 양동이를 만들어 봤습니다.

플라스틱으로 양동이를 만들어 봄했습니다.

동사의 て 테형 + みる 미루 는 '~해 보다'라는 뜻입니다.
이때, みる 미루 는 한자를 쓰지 않고 히라가나로 씁니다.

826

와인토 쥬―스오 붐베츠가 츠카 즈, 미스시타.

ワインと ジュースを 分別が つかず、ミスした。

827

코노 쿄쿠가 스키데 바이오링오 하지메마시타.

この 曲が 好きで バイオリンを 始めました。

828

아타라시이 / 카메라노 테스토와 시테 미타?

新しい / カメラの テストは して みた?

829

도라마노 로쿠가오 타논데 미루.

ドラマの 録画を 頼んで みる。

830

케에비잉가 이츠모 코오몽오 마몯테 이루.

警備員が いつも 校門を 守って いる。

이것이 한국말

와인과 주스를 헷갈려서 실수했다.

와인과 주스를 분별이 붙지 않아서, 실수했다.

와인과 주스(ワイン と ジュース 와인 토 쥬-스)를
소금과 설탕(塩 と 砂糖 시오 토 사토오) 등으로 바꿔 쓸 수 있습니다.

이 곡이 좋아서 바이올린을 시작했습니다.

이 곡이 좋음으로 바이올린을 시작했습니다.

바이올린(バイオリン 바이오링)은
피아노(ピアノ 피아노)나 플루트(フルート 후루-토) 등으로 바꿔 쓸 수 있습니다.

새 카메라 테스트는 해봤어?

새롭다 / 카메라의 테스트는 해 봤다?

히라가나 は는 일반적으로 하라고 읽습니다.
하지만, 이 문장에서처럼 조사(~은, 는)로 사용될 때는 와라고 발음합니다.

드라마의 녹화를 부탁해보다.

드라마의 녹화를 부탁해 보다.

우리가 외국 드라마를 '일드'나 '미드'로 줄여 부르듯이,
일본에서도 韓ドラ 칸도라 (한드)나, アメドラ 아메도라 (미드)라고 줄여 부릅니다.

경비원이 항상 교문을 지키고 있다.

경비원이 언제나 교문을 지키고 있다.

교문(校門 코오몽)은
학교(学校 각코오)나 병원(病院 뵤오잉) 등으로 바꿔 쓸 수 있습니다.

-첫날부터 잘한다-

1 먹고

2 먹어서

3 먹지 않아서

4 먹지 않고

앞으로 소개할 4문형 미리 보기

1. **타베 테**
   食べて 먹고

2. **타베 테**
   食べて 먹어서

3. **타베 나쿠테**
   食べなくて 먹지 않아서

4. **타베 나이데**
   食べないで 먹지 않고

Tip

동사의 **테**て 형에서 긍정표현은 '〜하고'나 '〜해서'의 형태가 다르지 않습니다.
하지만 부정형은 '〜않아서'와 '〜않고'의 형태가 다릅니다.
나쿠테 なくて는 '〜않아서', **나이데** ないで는 '〜않고'를 나타냅니다.

나쿠테 なくて 〜않아서	寝 네 자지	なくて **나쿠테** 않아서	疲れる 츠카레루 피곤하다

나이데 ないで 〜않고	寝 네 자지	ないで **나이데** 않고	遊ぶ 아소부 놀다

831

콘디숀노 칸리니 키오 츠케테 쿠레루?

コンディションの 管理に 気を 付けて くれる?

832

소후토아이스쿠리-무오 타베테 샤심모 톧타.

ソフトアイスクリームを 食べて 写真も 撮った。

833

와타시와 카쥬아루나 코-토오 키테 데카케타.

私は カジュアルな コートを 着て 出かけた。

834

카단노 토나리데 코도모타치오 미테 쿠레루?

花壇の 隣で 子供たちを 見て くれる?

835

와타시와 카노죠가 데자인시타 / 우에딩구도레스오 키테 켁콘시타.

私は 彼女が デザインした / ウエディングドレスを 着て 結婚した。

이것이 한국말

컨디션 관리에 신경 써 줄래?

컨디션의 관리에 기운을 붙여 주다?

気を付ける 키 오 츠케루는 '신경 쓰다', '조심하다'라는 표현입니다.
일본에서 흔히 사용하는 표현입니다.

소프트아이스크림을 먹고 사진도 찍었다.

소프트아이스크림을 먹고 사진도 찍었다.

일본어는 동음이의어가 많습니다.
예를 들어, 똑같은 とる 토루 라도 取る는 '집다'라는 뜻이고, 撮る는 '(사진을) 찍다'라는 뜻입니다.

나는 캐주얼한 코트를 입고 외출했다.

나는 캐주얼한 코트를 입고 외출했다.

이 표현에서 사용된 '캐주얼한(カジュアルな 카쥬아루나)'처럼,
일본에서는 외래어에 な 나를 연결해서 な 나 형용사로 사용하는 경우가 많습니다.

화단 옆에서 아이들을 봐줄래?

화단의 옆에서 아이들을 봐 주다?

隣 토나리는 '옆', '이웃', '이웃집'이라는 뜻입니다.
'이웃집 토토로'의 일본어 원제도 となりのトトロ 토나리노토토로 입니다.

나는 그녀가 디자인한 웨딩드레스를 입고 결혼했다.

나는 그녀가 디자인했다 / 웨딩드레스를 입고 결혼했다.

일본어로 '(옷을) 입다'는 着る 키루 혹은 穿く 하쿠를 씁니다.
이때, 상의나 원피스, 드레스, 정장 등은 着る 키루를 사용합니다.

836

후도오산니와 아마리 칸싱오 몯테 이마셍.

不動産には あまり 関心を 持って いません。

837

후도오산니와 아마리 칸싱오 몯테 이마셍.

타이이쿠칸니 보-루오 오이테 키타.

体育館に ボールを 置いて 来た。

838

카-펟토데 잉쿠노 시미오 사가시테 미타?

カーペットで インクの しみを 探して みた?

839

스마호데 멧세-지바카리 우케토리마시타카?

スマホで メッセージばかり 受け取りましたか?

840

아타라시이 / 카메라오 칻테, 잔다카와 제로니 낟타.

新しい / カメラを 買って、残高は ゼロに なった。

이것이 한국말

부동산에는 별로 관심이 없습니다.

부동산에는 그다지 관심을 가지고 있지 않습니다.

あまり 아마리 는 '나머지', '여분'이라는 뜻인데,
부정표현과 짝을 이룰 때는 '그다지'라는 의미로도 사용됩니다.

체육관에 공을 놓고 왔다.

체육관에 공을 놓고 왔다.

공(ボール 보-루)은
스마트폰(スマホ 스마호), 지갑(財布 사이후) 등으로 바꿔 쓸 수도 있습니다.

카펫에서 잉크 자국 찾아봤어?

카펫에서 잉크의 얼룩을 찾아 봤다?

しみ 시미 는 '액체가 배서 생긴 얼룩'을 의미합니다.
상처 자국이나 발자국, 빗자국 등은 あと 아토 라는 단어를 씁니다.

스마트폰으로 메시지만 받았습니까?

스마트폰으로 메시지만 받음했습니까?

일본 역시 우리나라와 마찬가지로 단어를 짧게 줄여 말하는 경우가 많습니다.
이 문장의 スマホ 스마호도 スマートフォン 스마-토훵 (스마트폰)의 줄임말입니다.

카메라를 새로 사서 돈이 바닥났다.

새롭다 / 카메라를 사서, 잔액은 제로에 됐다.

우리는 '~이(가) 되다'라는 표현을 씁니다.
하지만 일본어에서는 に 니 (~에)를 써서, に なる 니 나루 (~에 되다)라는 표현을 씁니다.

33

841

바스테에 데 히롣타 / 사이후 니와 쿄가쿠 가 하읻테 이타.

バス停で 拾った / 財布には 巨額が 入って いた。

842

콕산 노 콛톤 데 쿠츠시타 오 츠쿧테 이마스.

国産の コットンで 靴下を 作って います。

843

렌토겐 노 지렘마 니 츠이테 도오 오몯테 이마스카?

レントゲンの ジレンマに ついて どう 思って いますか?

844

카레 와 쿠우군 노 파이롣토 토시테 하타라이테 이마스.

彼は 空軍の パイロットとして 働いて います。

845

콩카이 노 엑스포 노 칸화렌스 다케 미테 이쿠.

今回の エクスポの カンファレンスだけ 見て 行く。

이것이 한국말

버스 정류장에서 주운 지갑엔 거액이 들어있었다.

버스 정류장에서 주웠다 / 지갑에는 거액이 들어 있었다.

일본어로 '버스 정류장'은 バス停 바스테에,
'지하철역'은 地下鉄駅 치카테츠에키 라고 합니다.

국산 면으로 양말을 만들고 있습니다.

국산의 면으로 양말을 만들고 있습니다.

일본어로 '양말'을 靴下 쿠츠시타 라고 합니다.
직역하면 '신발 아래'라는 뜻입니다.

뢴트겐(x-ray) 딜레마에 관해 어떻게 생각합니까?

뢴트겐의 딜레마에 관해 어떻게 생각하고 있습니까?

どう 도오 는 '어떻게'라는 의미의 부사입니다.
'이렇게'는 こう 코오, '그렇게'는 そう 소오 라고 합니다.

그는 공군 파일럿으로 일하고 있습니다.

그는 공군의 파일럿으로서 일하고 있습니다.

일본은 일본 헌법 제9조에 의해 군대(육해공군)를 가질 수 없고, 교전권도 없습니다.
그래서 이 일본 헌법 제9조를 '평화헌법'이라고 부릅니다.

이번 엑스포의 콘퍼런스만 보고 가다.

이번의 엑스포의 콘퍼런스만 보고 가다.

見て 行く 미테 이쿠 는 '보고 가다'라는 뜻입니다.
여기에서 て 테 를 に 니로 바꾸면(見に行く 미니 이쿠), '보러 가다'라는 뜻이 됩니다.

846

하이파-테키스토니 츠이테 합표오 시마시타카?

ハイパーテキストに ついて 発表 しましたか?

847

히쇼와 뎅와노 오오타이오 시테 이마스.

秘書は 電話の 応対を して います。

848

소노 센슈와 렛토카-도오 모랃테 모오 데라레마셍.

その 選手は レットカードを もらって もう 出られません。

849

케아 하우스마데 이쿠 / 논스텝푸 바스가 나쿠테 코마리마스.

ケア ハウスまで 行く / ノンステップ バスが なくて 困ります。

850

쇼오라이노 유메노 파이롣토니 나루타메 벵쿄오시테 이마스.

将来の 夢の パイロットに なる ため 勉強して います。

이것이 한국말

하이퍼텍스트에 대해 발표했습니까?

하이퍼텍스트에 관해서 발표 함했습니까?

に ついて 니 츠이테는 조사 に 니에 동사 就く 츠쿠가 붙은 표현입니다.
'~에 대해서', '~에 관해서'라는 의미입니다.

비서는 전화 응대 중입니다.

비서는 전화의 응대를 하고 있습니다.

일본어에서는 명사 뒤에 명사가 바로 올 수 없습니다.
그래서 항상 명사와 명사 사이에 の 노를 넣어 연결해주는데, 이 の 노는 해석하지 않습니다.

그 선수는 레드카드를 받아서 이제 나올 수 없습니다.

그 선수는 레드카드를 받아서 이제 나올 수 없습니다.

일본어로 '받다'는 受ける 우케루나 もらう 모라우를 씁니다.
레드카드(レットカード 렏토카도)라는 단어에는 둘 다 쓸 수 있습니다.

케어 하우스까지 가는 저상버스가 없어서 곤란합니다.

케어 하우스까지 가다 / 논스텝 버스가 없어서 곤란합니다.

우리나라에서는 교통약자를 위해 계단이 없는 '저상버스'를 운행하고 있습니다.
일본에서는 이런 버스를 '논스텝 버스(ノンステップ バス 논스텝푸 바스)'라고 합니다.

장래희망인 파일럿이 되기 위해 공부하고 있습니다.

장래의 꿈의 파일럿에 되다 위함 공부하고 있습니다.

우리나라에서는 '장래희망'이라는 표현을 쓰지만,
일본에서는 '장래의 꿈(将来 の 夢 쇼오라이 노 유메)'이라는 표현을 씁니다.

851

쇼오시카데 로오도오 징코오가 겐쇼오 시테 이루.

少子化で 労働 人口が 減少して いる。

852

키미노 즈본노 슈우젱오 타논데 오이타?

君の ズボンの 修繕を 頼んで おいた?

853

부카니 시지오 다시테 지붕와 이츠모 아손데 이루.

部下に 指示を 出して 自分は いつも 遊んで いる。

854

슉킨스루 / 토키와 이츠모 소노 우타오 키이테 이루.

出勤する / 時は いつもその 歌を 聴いて いる。

855

오마에라와 나제 상코오쇼오 몯테 이나이?

お前らは 何故 参考書を 持って いない?

이것이 한국말

저출산으로 노동인구가 감소하고 있다.

소자화로 노동 인구가 감소하고 있다.

일본에서는 '저출산'을 少子化 쇼오시카 라고 합니다.
'아이의 수가 적어진다'라는 뜻입니다.

네 바지의 수선을 부탁해 놨니?

너의 바지의 수선을 부탁해 뒀다?

우리는 티셔츠나 바지, 치마 등 옷이라면 모두 '입는다'라고 합니다.
하지만 일본어는 상의나 한 벌 옷은 着る 키루, 하의는 穿く 하쿠 로 나눠서 표현합니다.

부하에게 지시를 내리고 자신은 언제나 놀고 있다.

부하에게 지시를 내리고 자신은 언제나 놀고 있다.

히라가나 は는 일반적으로 하 라고 읽습니다.
하지만, 이 문장에서처럼 조사(~은, 는)로 사용될 때는 와 라고 발음합니다.

출근할 때는 항상 그 노래를 듣는다.

출근하다 / 때는 언제나 그 노래를 듣고 있다.

일본어로 '듣다'는 聞く 혹은 聴く라고 합니다.
그냥 귀에 들릴 때는 聞く를, 주의 깊게 들을 때는 聴く를 사용합니다. 발음은 둘 다 키쿠 입니다.

너희는 왜 참고서가 없어?

너희는 왜 참고서를 갖고 있지 않다?

お前 오마에는 우리말로 '너'로 해석되는데,
일본에서는 단순히 '너'가 아닌 비속어에 가까운 뉘앙스를 가지고 있으므로 사용에 주의해야 합니다.

856

죠오호오 쇼리 시스테무 오 카이하츠 시테 이마스.

情報 処理 システムを 開発して います。

857

소노 챤네루 데와 나니 오 호오소오 시테 이루?

その チャンネルでは 何を 放送して いる?

858

마이레-지 데 에코노미-세키 오 칻타.

マイレージで エコノミー席を 買った。

859

카노죠 와 콘토라바스 노 렌슈우 오 시테 이마스카?

彼女は コントラバスの 練習を して いますか?

860

호와이토보-도 니 나마에 오 카이테 오카 나칻타.

ホワイトボードに 名前を 書いて おか なかった。

정보 처리 시스템을 개발하고 있습니다.

정보 처리 시스템을 개발하고 있습니다.

히라가나 お와 を는 둘 다 오라고 발음하는데, 사용법은 전혀 다릅니다.
を 오는 '조사'로만 사용하고, 일반 단어로는 쓰지 않습니다.

그 채널에서는 무엇을 방송하고 있어?

그 채널에서는 무엇을 방송하고 있다?

그 소노 는 '그'라는 뜻입니다.
'이'는 코노, '저'는 아노, '어느'는 도노 라고 합니다.

마일리지로 이코노미석을 샀다.

마일리지로 이코노미석을 샀다.

비행기의 좌석 등급인 이코노미, 비즈니스, 퍼스트를
일본어로는 각각 エコノミー 에코노미-, ビジネス 비지네스, ファースト 화-스토 라고 합니다.

그녀는 콘트라베이스 연습을 하고 있습니까?

그녀는 콘트라베이스의 연습을 하고 있습니까?

콘트라베이스(コントラバス 콘토라바스)는
바이올린(バイオリン 바이오링), 첼로(チェロ 체로) 등으로 바꿔 쓸 수 있습니다.

화이트보드에 이름을 써두지 않았다.

화이트보드에 이름을 써 두지 않았다.

일본어로 '이름'을 名前 나마에 라고 합니다. '성(姓)'은 名字 묘오지 라고 합니다.

861

카레와 이마모 지렘마니 오치잍테 이루?

彼は 今も ジレンマに 陥って いる?

862

한도박구오 몯테 키샤니 녿타.

ハンドバッグを 持って 汽車に 乗った。

863

욛토오 쇼유우시테 이마센데시타.

ヨットを 所有して いませんでした。

864

삼포 시나가라 징구루베루오 우탇테 미타.

散歩 しながら ジングルベルを 歌って みた。

865

다이아리-니 스케쥬-루오 카이테 쿠레루?

ダイアリーに スケジュールを 書いて くれる?

이것이 한국말

그는 지금도 딜레마에 빠져있니?

그는 지금도 딜레마에 빠져 있다?

일본어에서 딜레마(ジレンマ 지렘마)는
명사 + の 노 + ジレンマ 지렘마 (명사의 딜레마)의 형태로 사용되는 경우가 많습니다.

핸드백을 들고 기차에 탔다.

핸드백을 가지고 기차에 탔다.

우리는 여성이 가지고 다니는 작은 가방을 '핸드백'이라고 통틀어 부르는데,
일본에서는 보통 토트백이나 숄더백처럼 가방의 종류를 나눠 말합니다.

요트를 소유하고 있지 않았습니다.

요트를 소유하고 있지 않습니다였습니다.

요트(ヨット 욧토)는
자전거(自転車 지텐샤)나 자동차(自動車 지도오샤) 등으로 바꿔 쓸 수 있습니다.

산책하면서 징글벨을 불러 봤다.

산책 함하면서 징글벨을 불러 봤다.

동사의 て 테형 + みる 미루 는 '~해 보다'라는 뜻입니다.
이때, みる 미루 는 한자를 쓰지 않고 히라가나로 씁니다.

수첩에 스케줄을 적어줄래?

다이어리에 스케줄을 적어 주다?

우리나라에서는 '다이어리'라는 단어를 자주 사용하지만,
일본에서는 '스케줄표(スケジュール表 스케쥬-루효오)'라는 표현을 흔히 사용합니다.

866

이벤토니 상카시테 마구캅푸오 케에힌데 모랃타.

イベントに 参加して マグカップを 景品で もらった。

867

산타쿠로ー스니 닝교오오 모랃테 우레시칻타.

サンタクロースに 人形を もらって 嬉しかった。

868

누ー도쟈 나이! 판티ー오 키테 이루!

ヌードじゃ ない! パンティーを 着て いる!

869

웨부사이토오 오ー푼 스루타메니 쥼비시테 이루.

ウェブサイトを オープン するために 準備して いる。

870

이벤토 쿠ー퐁와 메ー루데 오쿧테 이마스.

イベント クーポンは メールで 送って います。

이벤트에 참가해서 머그잔을 경품으로 받았다.

이벤트에 참가해서 머그잔을 경품으로 받았다.

일본어로 '컵'은 カップ 캅푸 혹은 コップ 콥푸라고 합니다.
カップ 캅푸는 손잡이가 있는 컵, コップ 콥푸는 손잡이가 없는 컵을 말합니다.

산타클로스에게 인형을 받아서 기뻤다.

산타클로스에게 인형을 받아서 기뻤다.

인형(人形 닝교오)은 로봇(ロボット 로봇토), 레고(レゴ 레고), 장난감(おもちゃ 오모챠) 등으로
바꿔 쓸 수 있습니다.

누드가 아니야! 팬티를 입고 있어!

누드가 아니다! 팬티를 입고 있다!

パンティー 판티-는 속옷을,
パンツ 판츠는 바지를 의미하므로 발음에 유의해야 합니다.

웹사이트를 오픈하려고 준비 중이다.

웹사이트를 오픈 하다 위해서 준비하고 있다.

우리와 마찬가지로 일본도 일상생활에서 외래어를 많이 사용합니다.
이때는 히라가나가 아니라 가타카나를 사용해 외래어를 표기합니다.

메일로 이벤트 쿠폰을 보내고 있습니다.

이벤트 쿠폰은 메일로 보내고 있습니다.

일본에는 맥도날드 할인 쿠폰을 매일 발급해주는 앱이 있습니다.
그래서 앱 다운로드 수가 우리나라보다 높습니다.

871

민나데 파-티-노 쥼비오 시테 이마스.

皆で パーティーの 準備を して います。

872

로시아에노 이밍오 캉가에테 이마시타.

ロシアへの 移民を 考えて いました。

873

다이가쿠오 소츠교오시테 요오치엔노 센세에니 낟타.

大学を 卒業して 幼稚園の 先生に なった。

874

키리가 히도이 / 히와 시야가 세마쿠테 코마리마셍카?

霧が ひどい / 日は 視野が 狭くて 困りませんか?

875

넨도오 리요오시테 닝교오오 츠쿧테 미마시타.

粘土を 利用して 人形を 作って みました。

모두 파티 준비를 하고 있습니다.

모두로 파티의 준비를 하고 있습니다.

동사의 て 테 형은 '~하고', '~해서'라는 의미로 두루 사용됩니다.

러시아로의 이민을 생각했었습니다.

러시아로의 이민을 생각하고 있었습니다.

러시아(ロシア 로시아)는 덴마크(デンマーク 뎀마-쿠), 중국(中国 츄우고쿠) 등으로 바꿔 쓸 수 있습니다.

대학을 졸업하고 유치원 선생님이 됐다.

대학을 졸업하고 유치원의 선생님에 됐다.

우리나라에서 '유치원'과 '어린이집'을 구분하듯이, 일본에서도 幼稚園 요오치엥 (유치원)과 保育園 호이쿠엥 (보육원, 어린이집)을 구분합니다.

안개가 심한 날은 시야가 좁아서 곤란하지 않습니까?

안개가 심하다 / 날은 시야가 좁아서 곤란하지 않습니까?

이 문장의 '곤란하다(困る 코마루)'는 '큰일이다(大変だ 타이헨다)'로 바꿔 쓸 수 있습니다.

점토로 인형을 만들어 봤습니다.

점토를 이용해서 인형을 만들어 봤습니다.

人形 닝교오 는 사람의 모습을 한 인형을 말합니다.
동물이나 캐릭터의 모양을 한 봉제 인형은 ぬいぐるみ 누이구루미 라고 합니다.

876

카레라와 자이타쿠킴무바카리 시테 이마스.

彼らは 在宅勤務ばかり して います。

877

아메가 훗테 지멩가 싣토리 누레타.

雨が 降って 地面が しっとり ぬれた。

878

토쇼칸데 망가오 미나가라 아손데 이마시타.

図書館で 漫画を 見ながら 遊んで いました。

879

와타시토와 캉케에 나이 코토다 토 싣테 이루.

私とは 関係ない ことだと 知って いる。

880

아나타와 돈나 키카이오 맏테 이마스카?

あなたは どんな 機会を 待って いますか?

이것이 한국말

그들은 재택근무만 합니다.

그들은 재택근무만 하고 있습니다.

일본어에서는 복수 표현을 만들 때, たち 타치 나 ら 라를 뒤에 붙입니다.
여기에서는 그(彼 카레)에 ら 라가 붙었습니다.

비가 와서 지면이 촉촉이 젖었다.

비가 내려서 지면이 촉촉이 젖었다.

しっとり 싯토리는 '촉촉이', '축축이', '차분히'라는 의미의 부사입니다.

도서관에서 만화를 보면서 놀고 있었습니다.

도서관에서 만화를 봄하면서 놀고 있었습니다.

동사의 명사형에 ながら 나가라를 붙이면 '~하면서'라는 표현이 됩니다.
遊びながら 아소비나가라 라고 하면 '놀면서'라는 뜻입니다.

나와는 상관없는 일이라고 알고 있다.

나와는 관계 없다 / 일이다 라고 알고 있다.

히라가나 は는 원래 하라고 읽습니다.
하지만, 조사(~은, 는)로 쓴 경우에는 와 라고 발음합니다.

당신은 어떤 기회를 기다리고 있습니까?

당신은 어떤 기회를 기다리고 있습니까?

일본어에서는 기회(機会)와 기계(機械)를 모두 きかい 키카이 라고 발음하므로,
잘 구분해야 합니다.

49

881

콘도노 도오소오카이니모 켓세키시타라 뎅와가 키타.

今度の 同窓会にも 欠席したら 電話が 来た。

882

테스토니 요쿠 데루 / 타이푸오 아츠메테 첵쿠시테 이루.

テストに よく 出る / タイプを 集めて チェックして いる。

883

쿄오와 란치데 치-즈 케-키오 타베테 이에니 카엣타.

今日は ランチで チーズ ケーキを 食べて 家に 帰った。

884

카레와 엥게키오 엔슈츠스루 / 시고토오 시테 이마스.

彼は 演劇を 演出する / 仕事を して います。

885

구우젠니 쵸오시젠테키나 겐쇼오오 미테
혼토오니 오도로키마시타.

偶然に 超自然的な 現象を 見て 本当に 驚きました。

이것이 한국말

이번 동창회에도 결석했더니 전화가 왔다.

이번의 동창회에도 결석했더니 전화가 왔다.

우리말처럼 일본어도 조사와 조사를 연결해서 사용할 수 있습니다.
이 표현에서는 に 니 (~에)와 も 모 (~도)가 연결됐습니다.

시험에 잘 나오는 유형을 모아서 확인하고 있다.

시험에 잘 나오다 / 타입을 모아서 체크하고 있다.

いい 이이 는 '좋다'는 뜻 외에, '자주', '잘'이라는 의미도 있습니다.

오늘은 점심으로 치즈 케이크를 먹고 집에 갔습니다.

오늘은 점심으로 치즈 케이크를 먹고 집에 돌아갔다.

일본어 동사 帰る 카에루 는 '돌아가다', '귀가하다'라는 뜻입니다.
원래 있던 곳, 내가 소속된 장소나 있어야 할 곳(집이나 고향)으로 돌아간다는 뉘앙스가 있습니다.

그는 연극을 연출하는 일을 하고 있습니다.

그는 연극을 연출하다 / 일을 하고 있습니다.

仕事 시고토 는 '일'이라는 뜻인데, '업무'나 '직업'이라는 의미도 있어서
상대방의 직업을 물어볼 때도 仕事 시고토 라는 단어를 사용합니다.

우연히 초자연적인 현상을 보고 정말로 놀랐습니다.

우연에 초자연적인 현상을 보고 정말에 놀람했습니다.

本当 혼토오 는 일본어로 '정말', '진짜'라는 뜻으로, 감탄사로도 많이 사용합니다.
비슷한 단어로는 マジ 마지 와 本真 홈마 등이 있습니다.

886

탄죠오비ㄴ 푸레젠토데
아파-토오 모라우토 키이테 오도로이타.

誕生日の プレゼントで アパートを もらうと 聞いて 驚いた。

887

와타시와 세에카츠오 벤리니 스루 / 노가
카가쿠다 토 오못테 이마스.

私は 生活を 便利に する / のが 科学だ と 思って います。

888

칸토쿠가 코나쿠테 카와리니 코-치가 시도오시테 이루.

監督が 来なくて 代わりに コーチが 指導して いる。

889

우츄우데 이치반 심피나 쿠우캉와
부락쿠호-루다 토 오못테 이마스.

宇宙で 一番 神秘な 空間は ブラックホールだ と 思って います。

890

카리큐라무니 타이시타 / 후만노 코에가 아갇테 이타.

カリキュラムに 対した / 不満の 声が 上がって いた。

생일선물로 아파트를 받을 거라 들어서 놀랐다.

생일의 선물로 아파트를 받다 라고 들어서 놀랐다.

일본에서는 '생일'을 誕生日 탄죠으비 라고 합니다.
앞에 お 오를 붙이면(お誕生日 오탄죠오비), '생신'처럼 공손한 말이 됩니다.

저는 생활을 편리하게 하는 것이 과학이라고 생각합니다.

나는 생활을 편리에 하다 / 것이
과학이다 라고 생각하고 있습니다.

일본어에서는 과학(科学)과 화학(化学)을 모두 かがく 카가쿠 라고 발음합니다.

감독이 안 와서 코치가 대신 지도 중이다.

감독이 오지 않아서 대신에 코치가 지도하고 있다.

来る 쿠루 (오다)는 응용할 때 어간까지 변하는 '변격동사'입니다.
똑같은 글자라도 부정형에서는 쿠 가 아니라 코 로 발음합니다.

우주에서 가장 신비한 공간은 블랙홀이라고 생각합니다.

우주에서 가장 신비한 공간은
블랙홀이다 라고 생각하고 있습니다.

우리는 '제일'이나 '가장'이라는 표현을 써서 여럿 중에 특히 뛰어난 것을 표현합니다.
일본어에서는 一番 이치방 이라는 표현을 씁니다.

커리큘럼에 대한 불만의 소리가 높아지고 있었다.

커리큘럼에 대했다 / 불만의 소리가 오르고 있었다.

일본어로 '소리'는 声 코에 와 音 오토 2종류가 있습니다.
音 오토 는 악기 소리나 소음 같은 소리를, 声 코에 는 목소리를 의미합니다.

-첫날부터 잘한다-

    1 쓰고

    2 써서

    3 쓰지 않아서

    4 쓰지 않고

앞으로 소개할 **4문형** 미리 보기

1. **카 이테**
   書 いて 쓰고

2. **카 이테**
   書 いて 써서

3. **카 카 나쿠테**
   書 か なくて 쓰지 않아서

4. **카 카 나이데**
   書 か ないで 쓰지 않고

Tip

1그룹 동사는 동사의 **테**て 형을 만들 때 음편현상이 일어납니다.
하지만 음편현상이 일어나는 건 긍정표현뿐이고,
부정표현은 어미를 **아**あ단으로 바꾼 뒤에 **나쿠테**なくて나 **나이데**ないで를 붙여줍니다.
이때 어미가 **우**う단인 경우에는 **아**あ가 아니라 **와**わ로 변합니다.

書く 카쿠
쓰다

書 / か / なくて
  나쿠테 : 쓰지 않아서

買う 카우
사다

買 / わ / ないで
 와 나이데 : 사지 않고

891

데파-토 카라 카타로구가 토도이테 오도로키마시타.

デパートから カタログが 届いて 驚きました。

892

코오코오노 토키 사바쿠니 잇테 보란티아시타.

高校の 時 砂漠に 行って ボランティアした。

893

콤비니데 가무오 캇테 키타.

コンビニで ガムを 買って 来た。

894

세-루스니 사이노오가 앗테 사이요오시타.

セールスに 才能が あって 採用した。

895

키묘오나 에피소-도오 키이테 코와쿠테 네무레마센데시타.

奇妙な エピソードを 聞いて 怖くて 眠れませんでした。

백화점에서 카탈로그가 와서 놀랐습니다.

백화점부터 카탈로그가 닿아서 놀람했습니다.

届く 토도쿠 (닿다, 도달하다)는 '보낸 것이 닿다'라는 뉘앙스도 포함하고 있어서
'우편물이 도착하다(오다)'라는 표현에도 사용합니다.

고등학교 때 사막에 가서 봉사활동을 했다.

고등학교의 때 사막에 가서 봉사활동했다.

일본에서는 '봉사활동', '자원봉사자'를 모두 ボランティア 보란티아라고 합니다.
영어 단어 volunteer에서 온 표현입니다.

편의점에서 껌을 사 왔다.

편의점에서 껌을 사서 왔다.

껌(ガム 가무)은
사탕(キャンデー 칸데-), 초콜릿(チョコレート 쵸코레-토) 등으로 바꿔 쓸 수 있습니다.

영업에 재능이 있어서 채용했다.

영업에 재능이 있어서 채용했다.

일본어에서는 '있다'를 ある 아루 혹은 いる 이루 라고 합니다.
ある 아루 는 사물이나 식물, 추상적인 것이 있다고 할 때 사용합니다.

기묘한 에피소드를 듣고 무서워서 잘 수 없었습니다.

기묘한 에피소드를 듣고 무서워서 잘 수 없습니다 였습니다.

동사의 테 형은 '~하고', '~해서'라는 의미로 두루 사용됩니다.

896

다이각세에 노 치-무 가 큐우 니 갸쿠텐 시, 쿄오기 가 오모시로쿠 낟테 키타.

大学生の チームが 急に 逆転し、競技が 面白く なって きた。

897

쵸오미료오 노 나이 / 구리-잉 카레- 오 츠쿧테 이마스.

調味料の ない / グリーン カレーを 作って います。

898

세카이테키나 옹가쿠카타치 가 아츠맏테 이타.

世界的な 音楽家たちが 集まって いた。

899

오-바-히-토- 데 키카이 가 코와레테 시마이 코마리 마스.

オーバーヒートで 機械が 壊れて しまい 困ります。

900

한사무 노 키즁 와 히토 니 욛테 치가이 마스.

ハンサムの 基準は 人に よって 違います。

이것이 한국말

대학생 팀이 갑자기 역전해서, 경기가 재밌어졌다.

대학생의 팀이 급에 역전함, 경기가 재밌게 돼 왔다.

일본어 동사 なる 나루 (되다)는
형용사의 뒤에 붙어서 '~게 되다', '~해지다'라는 표현을 만들 수 있습니다.

조미료 없는 그린 카레를 만들고 있습니다.

조미료의 없다 / 그린 카레를 만들고 있습니다.

그린 카레(グリーンカレー 구리-잉 카레-)는
파스타(パスタ 파스타), 오므라이스(オムライス 오무라이스) 등으로 바꿔 쓸 수 있습니다.

세계적인 음악가들이 모이고 있다.

세계적인 음악가들이 모이고 있다.

음악가(音楽家 옹가쿠카)는 전문가(專門家 셈몽카)나
스페셜리스트(スペシャリスト 스페샤리스토) 등으로 바꿔 쓸 수 있습니다.

과열로 기계가 망가져 버려서 곤란합니다.

과열로 기계가 망가져 버림 곤란합니다.

困る 코마루 는 '곤란하다'라는 뜻입니다.
이 표현에서는 '큰일입니다(大変です 타이헨데스)'라는 말로 바꿔 쓸 수 있습니다.

잘생김의 기준은 사람에 따라 다릅니다.

잘생김의 기준은 사람에 의해서 다름합니다.

일본인은 말을 할 때 돌려 말하는 편입니다.
그래서 '아니다'나 '틀렸다'라는 말보다 '다르다(違う 치가우)'라는 표현을 흔히 씁니다.

901

코-히- 마메노 나카니와 삼미가 스루 / 모노모 앗테 빅쿠리시타.

コーヒー 豆の 中には 酸味が する / ものも あって びっくりした。

902

스테-키와 웨루단데 오-다-시테 쿠레루?

ステーキは ウェルダンで オーダーして くれる?

903

소츠교오노 푸레젠토니와 스-츠토 네쿠타이가 이이토 오모우.

卒業の プレゼントには スーツと ネクタイが いいと 思う。

904

운도오죠오데 유비와오 미츠케테 히로이마시타.

運動場で 指輪を 見つけて 拾いました。

905

콤마토 쿠에스숌마-쿠오 도오 츠카우카 나얀데 이루.

コンマと クエスチョンマークを どう 使うか 悩んで いる。

이것이 한국말

커피콩 중에는 신맛이 나는 것도 있어서 깜짝 놀랐다.

커피 콩의 중에는 신맛이 하다 / 것도 있어서 깜짝 놀람 했다.

びっくりする 빅쿠리스루 는 '깜짝 놀람'이라는 명사에 する 스루 가 붙어서 만들어진 표현입니다.
驚いた 오도로이타 라는 표현으로 바꿔 쓸 수 있습니다.

스테이크는 웰던으로 주문해 줄래?

스테이크는 웰던으로 주문해 주다?

웰던(ウェルダン 웨르당)은 레어(レア 레아), 미디엄레어(ミディアムレア 미디아무레아),
미디엄(ミディアム 미디아무) 등으로 바꿔 쓸 수 있습니다.

졸업 선물로는 정장과 넥타이가 좋다고 생각한다.

졸업의 선물에는 정장과 넥타이가 좋다라고 생각하다.

개별적인 조사와 조사가 연결돼 만들어진 조사를 '복합조사'라고 합니다.
우리말과 마찬가지로, 일본어에서도 이런 복합조사를 만들어 쓸 수 있습니다.

운동장에서 반지를 보고 주웠습니다.

운동장에서 반지를 발견하고 주움 했습니다.

'반지'는 指輪 유비와, '목걸이'는 ネックレス 넥쿠레스 혹은 首飾り 쿠비카자리,
'팔찌'는 ブレスレット 부레스렛토 라고 합니다.

쉼표와 물음표를 어떻게 쓸까 고민하고 있다.

쉼표와 물음표를 어떻게 사용하다인지 고민하고 있다.

원칙적으로 일본어는 물음표(?)와 느낌표(!)를 쓰지 않습니다.
하지만 공식 문서를 작성할 때 외에는 강조를 위해 흔히 사용합니다.

906

카노죠와 코노 스으가쿠노 쥬교오니 쿄오미오 몯테 이마스.

彼女は この 数学の 授業に 興味を 持って います。

907

쿠레짇토카-도오 츠칻테 아타라시이 / 왐피-스오 칻타.

クレジットカードを 使って 新しい / ワンピースを 買った。

908

카레와 젱코쿠오 료코오 시나가라 샤싱오 톧테 이루.

彼は 全国を 旅行 しながら 写真を 撮って いる。

909

쥬우각세에노 토키 와카레타 / 코오
쥬우넨니 낻테 얃토 앋타.

中学生の 時 別れた / 子を 中年に なって やっと 会った。

910

소노 캅푸루가 와카레타 / 리유우오 키이테 이타.

その カップルが 別れた / 理由を 聞いて いた。

이것이 한국말

그녀는 이 수학 수업에 흥미를 느끼고 있습니다.

그녀는 이 수학의 수업에 흥미를 가지고 있습니다.

수학(数学 스우가쿠)은
문학(文学 붕가쿠), 음악(音楽 옹가쿠), 과학(科学 카가쿠) 등으로 바꿔 쓸 수 있습니다.

신용카드로 새 원피스를 샀다.

신용카드를 써서 새롭다 / 원피스를 샀다.

일본어의 형용사는 'い 이형용사'와 'な 나형용사'로 나뉩니다.
い 이 형용사는 마지막 글자 い 이 뒤에 명사를 연결합니다.

그는 전국을 여행하면서 사진을 찍고 있다.

그는 전국을 여행 함하면서 사진을 찍고 있다.

일본어는 동음이의어가 많습니다.
예를 들어, 똑같은 とる 토루라도 取る는 '잡다'라는 뜻이고, 撮る는 '(사진을) 찍다'라는 뜻입니다.

중학생 때 헤어졌던 아이를 중년이 돼서 겨우 만났다.

중학생의 때 헤어졌다 / 아이를 중년에 돼서 겨우 만났다.

일본어로 '만나다'를 会う 아우 혹은 出会う 데아우라고 합니다.
会う 아우는 시간과 장소를 정해서 만나는 것, 出会う 데아우는 우연히 만나는 것입니다.

그 커플이 헤어진 이유를 듣고 있었다.

그 커플이 헤어졌다 / 이유를 듣고 있었다.

일본어로 '듣다'는 聞く 혹은 聴く 라고 합니다.
그냥 귀에 들릴 때는 聞く를, 주의 깊게 들을 때는 聴く를 사용합니다. 발음은 둘 다 키쿠입니다.

63

911

이소이데 스-파-마-켄토니 잇테 칻테 키타.

急いで スーパーマーケットに 行って 買って 来た。

912

페-지 남바-오 와스레테 마타 사이쇼카라 사가시테 미마시타.

ページ ナンバーを 忘れて また 最初から 探して みました。

913

데에 사-비스니 샤와-오 후쿠메테 쿠레마셍카?

デイ サービスに シャワーを 含めて くれませんか?

914

아노 쇼오세츠와 나이요오가 키묘오다 토 키이테 카와 나칻타.

あの 小説は 内容が 奇妙だ と 聞いて 買わ なかった。

915

아루미오 카코오시테 후레-무오 츠쿧타.

アルミを 加工して フレームを 作った。

급하게 슈퍼마켓에 가서 사 왔다.

급하게 슈퍼마켓에 가서 사 왔다.

일반적으로 スーパーマーケット 스-파-마-켇토 (슈퍼마켓)를 줄여서
スーパー 스-파- (슈퍼)라고 합니다.

페이지 번호를 잊어버려서 다시 처음부터 찾아봤습니다.

페이지 넘버를 잊어서 다시 최초부터 찾아 봄 했습니다.

또 마타는 '또', '다시'라는 뜻의 부사입니다.
'아직'이라는 뜻의 부사 まだ 마다 와 발음이 비슷하므로 주의해야 합니다.

데이서비스에 샤워를 포함해줄 수 있어요?

데이 서비스에 샤워를 포함해 주지 않습니까?

우리는 '샤워를 한다'고 합니다. 하지만 일본어에서는 '뒤집어쓰다(浴びる 아비루)'를 써서
シャワー を 浴びる 샤와- 오 아비루 라고 표현합니다.

저 소설은 내용이 기이하대서 안 샀다.

저 소설은 내용이 기묘다 라고 들어서 사지 않았다.

あの 아노는 '저'라는 뜻입니다.
'이'는 この 코노, '그'는 その 소노, '어느'는 どの 도노 라고 합니다.

알루미늄을 가공해서 프레임을 만들었다.

알루미늄을 가공해서 프레임을 만들었다.

アルミ 아루미 는
アルミニウム 아루미니우무 (알루미늄)의 줄임말입니다.

916

비타민니 츠이테 켕큐우시테 이마스.

ビタミンに ついて 研究して います。

917

담핑구오 키세에 세 즈, 도루니 송가이오 우케테 시맏타.

ダンピングを 規制 せず、ドルに 損害を 受けて しまった。

918

칸닝구시테 토루 / 텐스으니 만족 시마스카?

カンニングして 取る / 点数に 満足 しますか?

919

츄우각코오노 소츠교오 아루바무와 미 나이데 쿠레루?

中学校の 卒業 アルバムは 見 ないで くれる?

920

지캉가 나쿠테 네쿠타이다케 칸테 카에리마시타.

時間が なくて ネクタイだけ 買って 帰りました。

이것이 한국말

비타민에 관해 연구하고 있습니다.

비타민에 관해서 연구하고 있습니다.

に ついて 니 츠이테 는 조사 に 니에 동사 就く 츠쿠 가 붙은 표현입니다.
'~에 대해서', '~에 관해서'라는 의미입니다.

덤핑을 규제하지 않아서, 달러에 손해를 받아 버렸다.

덤핑을 규제 하지 않아서, 달러에 손해를 받아 버렸다.

우리나라에서 '달러'라고 하면 보통 '미국 달러'를 뜻합니다.
하지만 일본에선 米ドル 베에도루 라고 해서 '미국 달러'라는 걸 명확히 합니다.

커닝해서 받은 점수에 만족합니까?

커닝해서 따다 / 점수에 만족 함합니까?

우리는 무슨 시험에서 몇 점을 '받았다'는 표현을 사용합니다.
하지만 일본에서는 '점수를 따다(点数 를 取る 텐스으 오 토루)'라는 표현을 사용합니다.

중학교 졸업 앨범은 보지 말아줄래?

중학교의 졸업 앨범은 봄 않아 주다?

일본의 학제는 소학교(小学校 쇼오각코오) 6년, 중학교(中学校 츄우각코오) 3년,
고등학교(高校 코오코오) 3년으로 이루어져 있습니다.

시간이 없어서 넥타이만 사고 돌아왔습니다.

시간이 없어서 넥타이만 사고 돌아옴했습니다.

일본어 동사 帰る 카에루 는 '돌아가다', '귀가하다'라는 뜻입니다.
원래 있던 곳, 내가 소속된 곳이나 있어야 할 곳(집이나 고향)으로 돌아간다는 뉘앙스가 있습니다.

이것이 일본말

921

니 부록쿠모 잇타 / 아토니 메-타-가 헨다 토 키즈이테 하나시타.

２ ブロックも 行った / 後に メーターが 変だ と 気付いて 話した。

922

UN가 세카이 헤에와니 키요시테 이루토 오모이마스.

UNが 世界 平和に 寄与して いると 思います。

923

텡잉가 옹가쿠노 셈몬 잣시오 오스스메 시테 쿠레타.

店員が 音楽の 専門 雑誌を お勧めして くれた。

924

바-텐다-와 카라후루나 카쿠테루오 츠쿳테 이타.

バーテンダーは カラフルな カクテルを 作って いた。

925

케에카쿠가 캄페키다 토 오못테 직코오 시마시타.

計画が 完璧だ と 思って 実行 しました。

이것이 한국말

2블록이나 간 뒤에야 미터기가 이상하다고 깨달아서 이야기했다.

2 블록이나 갔다 / 뒤에 미터기가 이상이다 라고 깨달아서 이야기했다.

일본어의 조사 も 모는 원래 '~도'라는 의미인데,
숫자 뒤에서는 '~이나' 같은 강조의 의미로 사용됩니다.

UN이 세계평화에 기여하고 있다고 생각합니다.

UN이 세계 평화에 기여하고 있다 라고 생각합니다.

UN을 일본에서는 国連 코쿠렝 이라고도 합니다.
'국제연합(国際連合 콕사이렝고오)'의 줄임말입니다.

점원이 음악 전문 잡지를 추천해 줬다.

점원이 음악의 전문 잡지를 추천해 줬다.

勧める 스스메루 는 '권하다'라는 뜻입니다.
勧める 스스메루를 명사형으로 바꾸고 お 오를 붙이면(お勧め 오스스메), '추천'이라는 뜻이 됩니다.

바텐더는 색깔이 다양한 칵테일을 만들고 있었다.

바텐더는 칼라풀한 칵테일을 만들고 있었다.

일본어는 외래어에 な 나를 연결해서 な 나 형용사처럼 사용하는 경우가 많습니다.
이 표현에서는 colorful(カラフル 카라후루)이 사용됐습니다.

계획이 완벽하다고 생각해서 실행했습니다.

계획이 완벽이다 라고 생각해서 실행 함했습니다.

일본어로 '생각하다'는 思う 오모우 혹은 考える 캉가에루 를 씁니다.
思う 오모우 는 '막연한 생각'이나 '느낌'이라는 뉘앙스의 '생각하다'입니다.

926

북카가 타카쿠테 쟝쿠후-도바카리 타베테 이루.

物価が 高くて ジャンクフードばかり 食べて いる。

927

북카가 타카쿠테 쟝쿠후-도바카리 타베테 이루.

이마 뉴-스가 나가레테 이루?

今 ニュースが 流れて いる?

928

세에세키모 요쿠테 키타이오 우케테 이마시타.

成績も よくて 期待を 受けて いました。

929

마츠리노 파레-도오 미테 이루.

祭の パレードを 見て いる。

930

치안노 이이 / 치이키에노 이쥬우오 캉가에테 이마스카?

治安の いい / 地域への 移住を 考えて いますか?

이것이 **한국말**

물가가 높아서 정크푸드만 먹고 있다.

물가가 높아서 정크푸드만 먹고 있다.

高い 타카이 는 '높다'라는 뜻의 い 이 형용사입니다.
하지만 '가격이 비싸다', '키가 크다'라는 표현에도 高い 타카이 를 사용합니다.

지금 뉴스 하고 있어?

지금 뉴스가 흐르고 있다?

뉴스(ニュース 뉴-스)는
속보(速報 소쿠호오), 드라마(ドラマ 도라마) 등으로 바꿔 쓸 수 있습니다.

성적도 좋아서 기대를 받고 있었습니다.

성적도 좋아서 기대를 받고 있었습니다.

'받다'는 일본어로 受ける 우케루 혹은 もらう 모라우 라고 하는데,
'물건'이 아닌 피해나 혜택, 상황 등은 受ける 우케루 를 사용합니다.

축제 행렬을 보고 있다.

축제의 행렬을 보고 있다.

일본에서는 '축제'를 祭 마츠리 라고 합니다.
유명한 마츠리로는 교토의 기온마츠리(祇園祭), 오사카의 텐진마츠리(天神祭) 등이 있습니다.

치안이 좋은 지역으로의 이주를 생각하고 있습니까?

치안의 좋다 / 지역으로의 이주를 생각하고 있습니까?

일본어로 '생각하다'는 思う 오모우 나 考える 캉가에루 를 씁니다.
考える 캉가에루 는 '고민하다', '진지하게 생각하다'라는 뜻의 '생각하다'입니다.

931

카노죠와 이기리스데 켄치쿠노 벵쿄오오 시테 이마스.

彼女は イギリスで 建築の 勉強を して います。

932

시라 나이 / 방고오데 카캇테 쿠루 / 뎅와니와 데 나이.

知ら ない / 番号で かかって 来る / 電話には 出 ない。

933

아후리카니 와쿠칭오 키후시테 쿠레루?

アフリカに ワクチンを 寄付して くれる?

934

카라스기루 / 모노오 타베테 미카쿠가 헨니 낫타.

辛すぎる / ものを 食べて 味覚が 変に なった。

935

아노 잣시와 고십푸바카리 아츠캇테 이루.

あの 雑誌は ゴシップばかり 扱って いる。

이것이 한국말

그녀는 영국에서 건축 공부를 하고 있습니다.

그녀는 영국에서 건축의 공부를 하고 있습니다.

イギリス 이기리스 는 '영국'을 말합니다.
'독일'은 ドイツ 도이츠, '프랑스'는 フランス 후란스, '노르웨이'는 ノルウェー 노루웨- 라고 합니다.

모르는 번호로 걸려오는 전화는 받지 않는다.

알지 않다 / 번호로 걸려 오다 / 전화에는 나감 않다.

우리는 '알다'와 '모르다'를 구별하지만,
일본어에서는 '알다'의 부정표현인 '알지 않다'를 '모르다'처럼 씁니다. '모르다'라는 말은 따로 없습니다.

아프리카에 백신을 기부해줄래?

아프리카에 백신을 기부해 주다?

일본어로 아프리카는 アフリカ 아후리카, 아시아는 アジア 아지아,
유럽은 ヨーロッパ 요-롭파, 아메리카는 アメリカ 아메리카 라고 합니다.

너무 매운 걸 먹고 미각이 이상해졌다.

너무 매움 / 것을 먹고 미각이 이상에 됐다.

우리는 '너무 ~하다'라는 표현을 씁니다.
하지만 일본어에서는 형용사나 동사 뒤에 '지나다'는 뜻의 동사 過ぎる 스기루 를 연결해 사용합니다.

저 잡지는 가십만 다루고 있다.

저 잡지는 가십만 다루고 있다.

ばかり 바카리 는 '~만', '~뿐'이라는 뜻의 조사로
여러 가지 중에서 하나에만 몰두하거나 집중할 때 사용합니다.

936

우이루스니 츠이테 쿄오미오 몯테 이마스.

ウイルスに ついて 興味を 持って います。

937

인후루엔자노 와쿠칭오 카이하츠시테 이타.

インフルエンザの ワクチンを 開発して いた。

938

소노 아우토렏토데와 지-판다케 칻테 스구 데타.

その アウトレットでは ジーパンだけ 買って すぐ 出た。

939

나츠야스미노 토키 우미니 읻테 바레-보-루오 시나가라 아손다.

夏休みの 時 海に 行って バレーボールを しながら 遊んだ。

940

마니큐아노 카라-오 에라부 코토데 나얀데 이마스카?

マニキュアの カラーを 選ぶ ことで 悩んで いますか?

이것이 한국말

바이러스에 관해 흥미가 있습니다.

바이러스에 관해서 흥미를 갖고 있습니다.

우리는 '흥미가 있다'라는 표현을 사용합니다.
하지만 일본어에서는 '가지다(持つ 모츠)'를 사용해서 '흥미를 가지다'라고 합니다.

인플루엔자의 백신을 개발하고 있었다.

인플루엔자의 백신을 개발하고 있었다.

일본어로 '감기'는 風邪 카제, '독감'은 インフルエンザ 인후루엔자,
'폐렴'은 肺炎 하이엥 이라고 합니다.

그 아웃렛에서는 청바지만 사고 바로 나왔다.

그 아웃렛에서는 청바지만 사고 바로 나왔다.

일본어로 '청바지'는 ジーパン 지-팡 혹은 ジーンズ 지-인즈 라고 합니다.
그냥 바지는 ズボン 즈봉 이라고 합니다.

여름 방학 때 바다에 가서 배구를 하면서 놀았다.

여름 방학의 때 바다에 가서 배구를 함하면서 놀았다.

우리는 '방학'과 '휴가'를 구별하지만,
일본어에서는 모두 休み 야스미 라고 합니다.

매니큐어의 컬러를 고르는 일로 고민하고 있습니까?

매니큐어의 색을 고르다 / 일로 고민하고 있습니까?

우리나라와 마찬가지로 일본도 외래어를 많이 사용합니다.
이 문장에서 사용된 カラー 카라- (컬러)는 色 이로 (색)로 바꿔 쓸 수 있습니다.

941

소노 카이샤노 다이효오오 쇼오카이시테 쿠레루?

その 会社の 代表を 紹介して くれる?

942

고젱카라 콘츄우오 칸사츠시테 메모시타.

午前から 昆虫を 観察して メモした。

943

토모다치니 산후징카노 이샤오 쇼오카이시테 아게타.

友達に 産婦人科の 医者を 紹介して あげた。

944

쿠루마노 남바-푸레-토가 코와레테 이마시타.

車の ナンバープレートが 壊れて いました。

945

치콕시테 식칵 시마시타.

遅刻して 失格 しました。

그 회사의 대표를 소개해 줄래?

그 회사의 대표를 소개해 주다?

히라가나 お와 を를 둘 다 오라고 발음하는데, 사용법은 전혀 다릅니다.
を 오는 '조사'로만 사용할 수 있고, 일반 단어로는 사용되지 않습니다.

오전부터 곤충을 관찰하고 메모했다.

오전부터 곤충을 관찰하고 메모했다.

から 카라는 '~부터'라는 뜻의 조사입니다.
'~까지'라는 뜻의 조사 まで 마데와 함께 외우는 것이 좋습니다.

친구에게 산부인과 의사를 소개해주었다.

친구에게 산부인과의 의사를 소개해 주었다.

産婦人科 산후징카는 '산부인과'라는 뜻입니다.
'내과'는 内科 나이카, '외과'는 外科 게카, '치과'는 歯科 시카 라고 합니다.

자동차의 번호판이 부서져 있었습니다.

자동차의 번호판이 부서져 있었습니다.

車 쿠루마는 한자 그대로 '차'라는 뜻입니다.
'자동차'는 自動車 지도오샤 라고 합니다.

지각해서 실격했습니다.

지각해서 실격 함했습니다.

동사의 て 테형은 '~하고', '~해서'라는 의미로 두루 사용됩니다.

946

키미 가 다이효오 데 이켕 오 츠타에테 쿠레루?

君が 代表で 意見を 伝えて くれる?

947

오레 와 비쥬아루 오 탄토오 시테 이루.

俺は ビジュアルを 担当して いる。

948

푸랃토훠-무 데 사이후 오 오이테 키타 / 노 오 키즈이타.

プラットフォームで 財布を 置いて 来た / のを 気づいた。

949

로봍토 오 슈징코오 니 시타 / 아니메-숑 오 츠쿹테 쿠레루?

ロボットを 主人公に した / アニメーションを 作って くれる?

950

파스포-토 오 나쿠시테 타이헨 닫타.

パスポートを 失くして 大変だった。

네가 대표로 의견을 전달해줄래?

너가 대표로 의견을 전해 주다?

君은 きみ 키미 혹은 くん 쿵 이라고 읽습니다.
きみ 키미 라고 하면 '너'라는 2인칭 대명사고, くん 쿵 이라고 하면 '~군'이라는 호칭입니다.

나는 비주얼을 담당하고 있다.

나는 비주얼을 담당하고 있다.

비주얼(ビジュアル 비쥬아루)이라는 단어는 외모적인 뜻으로도 사용되지만,
락음악 중에도 비주얼이라는 장르가 있습니다.

플랫폼에서 지갑을 놓고 온 것을 깨달았다.

플랫폼에서 지갑을 놓고 왔다 / 것을 깨달았다.

気づく 키즈쿠 는 '깨닫다', '눈치채다'라는 뜻의 동사입니다.
일본어에서는 気 키 가 들어간 동사나 관용어가 널리 쓰입니다.

로봇이 주인공인 애니메이션을 만들어줄래?

로봇을 주인공에 했다 / 애니메이션을 만들어 주다?

일본은 만화 산업이 발달해 있습니다.
애니메이션을 일본어로 アニメーション 아니메-숑 이라고 하는데, 짧게 アニメ 아니메 라고도 합니다.

여권을 잃어버려서 큰일이었다.

여권을 잃어서 큰일이었다.

'여권'은 일본어로 パスポート 파스포-토 혹은 旅券 료켕 이라고 합니다.
비자는 ビザ 비자 라고 합니다.

-첫날부터 잘한다-

1 하고

2 해서

3 하지 않아서

4 하지 않고

5 오고

6 와서

7 오지 않아서

8 오지 않고

앞으로 소개할 8문형 미리 보기

1. **시 테**
   して 하고

2. **시 테**
   して 해서

3. **시 나쿠테**
   し なくて 하지 않아서

4. **시 나이데**
   し ないで 하지 않고

5. **키 테**
   きて 오고

6. **키 테**
   きて 와서

7. **코 나쿠테**
   こ なくて 오지 않아서

8. **코 나이데**
   こ ないで 오지 않고

> **Tip**
> 동사의 **테**て형으로 변할 때, **스루**する는 긍정, 부정표현 모두 **시**し로 변합니다.
> 하지만 **쿠루**くる는 긍정, 부정표현에 따라 어간이 다르게 변합니다.

する 스루	くる 쿠루
して 시테	きて 키테
しなくて 시나쿠테	こなくて 코나쿠테
しないで 시나이데	こないで 코나이데

951

다이키교오 니 슈우쇼쿠 시타라, 도쿠리츠 시테 쿠레루?

大企業に 就職したら、独立して くれる?

952

카노죠 와 케에에에오 셍코오 시테 지분노 지교오오 하지메타.

彼女は 経営を 専攻して 自分の 事業を 始めた。

953

온시츠 니 읻테 가스 오 첵쿠 시테 쿠레루?

温室に 行って ガスを チェックして くれる?

954

스으가쿠 노 노-토 오 헤야 니 오이테 키테 코맏타.

数学の ノートを 部屋に 置いて 来て 困った。

955

코노 만숀 토 오나지 타테모노 오 섹케에 시테 미타.

この マンションと 同じ 建物を 設計して みた。

이것이 한국말

대기업에 취직하면, 독립해줄래?

대기업에 취직하면, 독립해 주다?

일본어에는 たら 타라, ば 바, なら 나라, と 토 라는 4종류의 가정 표현이 있습니다.
たら 타라 는 '~하면'이라는 조건의 가정법입니다.

그녀는 경영을 전공하고 자신의 사업을 시작했다.

그녀는 경영을 전공하고 자신의 사업을 시작했다.

彼女 카노죠 는 '그녀'라는 뜻 외에, '여자친구'라는 뜻도 있습니다.
그러므로, 문맥을 잘 살펴서 해석해야 합니다.

온실에 가서 가스를 점검해줄래?

온실에 가서 가스를 체크해 주다?

가스(ガス 가스)는
보일러(ボイラー 보이라-)나 물(水 미즈) 등으로 바꿔 쓸 수 있습니다.

수학 노트를 방에 두고 와서 곤란했다.

수학의 공책을 방에 두고 와서 곤란했다.

일본어로 '방'을 部屋 헤야라고 합니다.
'부엌'은 台所 다이도코로, '거실'은 居間 이마라고 합니다.

이 맨션과 똑같은 건물을 설계해 봤다.

이 맨션과 같음 건물을 설계해 봤다.

な 나 형용사는 명사를 꾸며줄 때 마지막 글자가 な 나로 변합니다.
하지만, 同じ 오나지 는 그냥 じ 지 뒤에 명사를 연결합니다.

956

바겟토니 쿠리-무오 츠케테 타베타.
バゲットに クリームを つけて 食べた。

957

디나-데 치킹 카레-오 츠쿳테 미마시타.
ディナーで チキンカレーを 作って みました。

958

『신데레라』노 비데오오 못테 키테 쿠레나이?
『シンデレラ』の ビデオを 持って 来て くれない?

959

가쿠히노 타메 아루바이토오 시테 이마스.
学費の ため アルバイトを して います。

960

텡코오세에니 각코오오 안나이시테 이루.
転校生に 学校を 案内して いる。

이것이 한국말

바게트에 크림을 발라 먹었다.

바게트에 크림을 발라서 먹었다.

크림(クリーム 쿠리-무)은
생크림(生クリーム 나마쿠리-무)이나 잼(ジャム 자무)으로 바꿔 쓸 수 있습니다.

저녁으로 치킨 카레를 만들어 봤습니다.

저녁으로 치킨 카레를 만들어 봄했습니다.

作る 츠쿠루 는 '만들다'라는 뜻의 동사입니다.
물건을 만들거나, 친구나 애인을 만들거나, 요리를 만드는 것에 모두 사용할 수 있습니다.

『신데렐라』 비디오를 가져와 주지 않을래?

『신데렐라』의 비디오를 가지고 와 주지 않다?

'신데렐라'를 일본어로 シンデレラ 신데레라 라고 합니다.
'백설 공주'는 白雪姫 시라유키히메, '미녀와 야수'는 美女と野獣 비죠토야쥬우 라고 합니다.

학비를 위해 아르바이트를 하고 있습니다.

학비의 위함 아르바이트를 하고 있습니다.

우리는 '아르바이트'를 '알바'라고 줄여 말합니다.
일본은 アルバイト 아루바이토 라고 하고, バイト 바이토 라고 줄입니다.

전학생에게 학교를 안내하고 있다.

전학생에게 학교를 안내하고 있다.

일본어로 '초등학교'는 小学校 쇼오각코오, '중학교'는 中学校 츄우각코오,
'고등학교'는 高校 코오코오, '대학교'는 大学 다이가쿠 라고 합니다.

961

마이니치 심붕오 욘데 이마스.

毎日 新聞を 読んで います。

962

와타시와 슈미데 아코-스틱쿠 기타-오 히이테 이마스.

私は 趣味で アコースティック ギターを 弾いて います。

963

라스토 챤스다 토 오못테 이마스.

ラスト チャンスだ と 思って います。

964

카레와 이마 아후리카니 슨데 이마스.

彼は 今 アフリカに 住んで います。

965

캉고가쿠노 셍코오니 츠이테 나얀데 이타.

看護学の 専攻に ついて 悩んで いた。

매일 신문을 읽고 있습니다.

매일 신문을 읽고 있습니다.

매일(毎日 마이니치)은
매일 아침(毎朝 마이아사)이나 매일 밤(毎晩 마이방)으로 바꿔 쓸 수 있습니다.

저는 취미로 어쿠스틱 기타를 칩니다.

나는 취미로 어쿠스틱 기타를 치고 있습니다.

일본에서는 アコースティックギター 아코-스틱쿠기타-(어쿠스틱 기타)를 줄여서
アコギ 아코기라고 합니다.

마지막 기회라고 생각하고 있습니다.

마지막 기회 다 라고 생각하고 있습니다.

思う 오모우 는 '막연한 생각'이나 '느낌'이라는 뉘앙스를 가진 '생각하다'입니다.
이성적으로 생각할 때는 考える 캉가에루 를 사용합니다.

그는 지금 아프리카에서 살고 있습니다.

그는 지금 아프리카에 살고 있습니다.

아프리카(アフリカ 아후리카)는
유럽(ヨーロッパ 요-롭파), 오세아니아(オセアニア 오세아니아) 등으로 바꿔 쓸 수 있습니다.

간호학 전공에 관해 고민하고 있었다.

간호학의 전공에 관해서 고민하고 있었다.

悩む 나야무 는 '고민하다', '번민하다'라는 뜻입니다.
이 문장에서는 '생각하다'라는 뜻의 考える 캉가에루 를 쓸 수도 있습니다.

966
돈나 코-스오 켄삭시테 이루카 오시에테 쿠레루?

どんな コースを 検索して いるか 教えて くれる?

967
한자이 타이사쿠토카 요호오 마뉴아루오 욘데 미마시타.

犯罪 対策とか 予報 マニュアルを 読んで みました。

968
아이스쿠리-무오 칸테 키타.

アイスクリームを 買って 来た。

969
스바라시이 / 피아니스토니 나루타메니 렌슈우시테 이마스.

素晴らしい / ピアニストに なるために 練習して います。

970
엔진카라 오이루가 모레루카 미테 쿠레루?

エンジンから オイルが 漏れるか 見て くれる?

이것이 한국말

어떤 코스를 검색하고 있는지 알려줄래?

어떤 코스를 검색하고 있다인지 가르쳐 주다?

どんな どんな 는 '어떤'이라는 뜻입니다.
'이런'은 こんな 콘나, '그런'은 そんな 손나, '저런'은 あんな 안나라고 합니다.

범죄대책이나 예방 매뉴얼을 읽어봤습니다.

범죄 대책이라든가 예방 매뉴얼을 읽어 봄했습니다.

동사의 て 테형 + みる 미루 는 '~해 보다'라는 뜻입니다.
이때, みる 미루 는 한자를 쓰지 않고 히라가나로 씁니다.

아이스크림을 사 왔다.

아이스크림을 사서 왔다.

아이스크림(アイスクリーム 아이스쿠리-무)은
케이크(ケーキ 케-키), 초콜릿(チョコレート 쵸코레-토) 등으로 바꿔 쓸 수 있습니다.

훌륭한 피아니스트가 되기 위해서 연습하고 있습니다.

훌륭하다 / 피아니스트에 되다 위해서 연습하고 있습니다.

素晴らしい 스바라시이 는 '훌륭하다', '근사하다'라는 뜻의 い 이 형용사입니다.
비슷한 단어로는, な 나 형용사인 立派 립파 (훌륭함)가 있습니다.

엔진에서 기름이 새는지 봐줄래?

엔진부터 기름이 새다인지 봐 주다?

から 카라 는 '~부터'라는 뜻의 조사입니다.
시간은 물론이고 장소에도 사용할 수 있습니다.

89

971

카레- 야_노 미세비라키_노 쥰비_오 시테 이마스.

カレー屋の 店開きの 準備を して います。

972

카레_와 쿠로이 / 쟈켙토_오 슈우젠_{시테} 이타.

彼は 黒い / ジャケットを 修繕して いた。

973

지분_니 유우리나 죠오호오_오 아츠메테 이마스카?

自分に 有利な 情報を 集めて いますか?

974

칸탄나 테스토_니 안신_{시테} 즏토 아소비_{마시타}.

簡単な テストに 安心して ずっと 遊びました。

975

이마 _{시테} 이루 / 아루바이토_와 라이넴_{마데} 시_{마스}.

今 して いる / アルバイトは 来年まで します。

이것이 한국말

카레 가게 개업을 준비하고 있습니다.

카레 가게의 개업의 준비를 하고 있습니다.

일본에서는 가게의 이름 뒤에 屋 야가 붙습니다.
本屋 홍야 (서점), **八百屋** 야오야 (야채가게), **弁当屋** 벤토오야 (도시락가게)처럼 말이죠.

그는 검은 재킷을 수선하고 있었다.

그는 검다 / 재킷을 수선하고 있었다.

黒い 쿠로이 는 '까맣다'라는 뜻의 い 이 형용사입니다.
'하얗다'는 白い 시로이, '파랗다'는 青い 아오이, '빨갛다'는 赤い 아카이 라고 합니다.

자신에게 유리한 정보를 모으고 있습니까?

자신에게 유리한 정보를 모으고 있습니까?

일본어의 형용사는 'い 이 형용사'와 'な 나 형용사'로 나뉩니다.
な 나 형용사는 마지막 글자 だ 다를 な 나로 바꾼 뒤에 명사를 연결합니다.

간단한 시험에 안심하고 계속 놀았습니다.

간단한 시험에 안심해서 계속 놀음했습니다.

ずっと 즏토 는 '계속'이라는 뜻 외에 '훨씬'이라는 뜻도 있습니다.
'훨씬 옛날'이라는 표현은 ずっと 昔 즏토무카시 라고 합니다.

지금 하는 아르바이트는 내년까지 합니다.

지금 하고 있다 / 아르바이트는 내년까지 함합니다.

まで 마데 는 '~까지'라는 뜻입니다. 시간이나 장소, 사람에게도 쓸 수 있습니다.
'~부터'라는 뜻의 조사 から 카라 와 함께 외우면 좋습니다.

976

리콘니 츠이테 벵고시토 소오단스루.

離婚に ついて 弁護士と 相談する。

977

소노 후우후와 리콘 소쇼오오 싱코오시테 이루.

その 夫婦は 離婚 訴訟を 進行して いる。

978

스-파-니 잍테 토오후오 칻테 키타.

スーパーに 行って 豆腐を 買って 来た。

979

싱카론니 요루토 닝겡와 사루카라 싱카시타 / 도오부츠다.

進化論に よると 人間は 猿から 進化した / 動物だ。

980

카레와 멘세츠데 링키오오헴바카리 시테 이루.

彼は 面接で 臨機応変ばかり して いる。

이것이 한국말

이혼에 대해 변호사와 상담하다.

이혼에 대해서 변호사와 상담하다.

について 니 츠이테 는 조사 니 에 동사 **就く** 츠쿠 가 붙은 표현으로,
'~에 대해서', '~에 관해서'라는 뜻입니다.

그 부부는 이혼 소송을 진행하고 있다.

그 부부는 이혼 소송을 진행하고 있다.

その 소노 는 '그'라는 뜻입니다.
'이'는 この 코노, '저'는 あの 아노, '어느'는 どの 도노 라고 합니다.

슈퍼에 가서 두부를 사 왔다.

슈퍼에 가서 두부를 사서 왔다.

豆腐 토오후 는 '두부'라는 뜻입니다.
'당근'은 **人参** 닌징, '감자'는 ジャガイモ 쟈가이모, '마늘'은 ニンニク 닌니쿠 라고 합니다.

진화론에 의하면 인간은 원숭이에서 진화한 동물이다.

진화론에 의하다라면 인간은 원숭이부터 진화했다 / 동물이다.

よる 요루 는 한자로는 **因る** 요루 라고 쓰는데, '~에 인하다', '원인이 되다'라는 뜻입니다.
による 니 요루 라고 하면 '~에 의해'라는 의미입니다.

그는 면접에서 임기응변만 하고 있다.

그는 면접에서 임기응변만 하고 있다.

ばかり 바카리 는 '~만', '~뿐'이라는 뜻의 조사로
여러 가지 중에서 하나에만 몰두하거나 집중할 때 사용합니다.

981

카노죠와 아시타 쥬우다이나 합표오 스루토
요콕시테 키에테 시맛타.

彼女は 明日 重大な 発表を すると 予告して 消えて しまった。

982

도오료오토 코-히-오 카이니 데테 이타.

同僚と コーヒーを 買いに 出て いた。

983

도요오비니와 푸링오 타베테 야슨다.

土曜日には プリンを 食べて 休んだ。

984

잇타 도오리 인타-앙가 루-즈데 코마리마스.

言った 通り インターンが ルーズで 困ります。

985

도쿠타-가 후로스오 오스스메시테 쿠레나캇타?

ドクターが フロスを お勧めして くれなかった?

이것이 한국말

그녀는 내일 중대한 발표를 할 거라 예고하고 사라져 버렸다.

그녀는 내일 중대한 발표를 하다라고 예고하고 사라져 버렸다.

明日(내일)은 あした 아시타 혹은 あす 아스 라고 읽습니다.
あした 아시타 는 일반적으로 쓰는 말이고, あす 아스 는 딱딱하고 정중한 느낌입니다.

동료와 커피를 사러 나와 있었다.

동료와 커피를 삼에 나가 있었다.

동사의 명사형에 に 니 를 붙이면 '~하러'라는 표현이 됩니다.
食べに 타베니 라고 하면 '먹으러'라는 뜻입니다.

토요일에는 푸딩을 먹고 쉬었다.

토요일에는 푸딩을 먹고 쉬었다.

일본어로 '요일'은 曜日 요오비 라고 합니다.
'일요일'은 日曜日 니치요오비, '월요일'은 月曜日 게츠요오비, '화요일'은 火曜日 카요오비 입니다.

말했던 대로 인턴이 칠칠치 못해서 곤란합니다.

말했다대로 인턴이 칠칠치 못함으로 곤란합니다.

通り 토오리 는 '큰길', '거리', '대로'라는 뜻도 있지만,
'~한 대로', '~처럼', '~와 같이'라는 의미도 있습니다.

의사가 치실을 추천해 주지 않았어?

의사가 치실을 추천해 주지 않았다?

勧める 스스메루 는 '권하다'라는 뜻입니다.
勧める 스스메루 를 명사형으로 바꾸고 お 오 를 붙이면 (お勧め 오스스메), '추천'이 됩니다.

986

니치요오비 니와 소후토 보-루오 시테
오코노미야키오 타베타.

日曜日には ソフトボールを して お好み焼きを 食べた。

987

싱칸센니 놋타라 하야쿠 토오챠쿠 시마시타.

新幹線に 乗ったら 早く 到着 しました。

988

세에세키가 진세에노 젬부데와 나이토 오오엔시테 쿠레타.

成績が 人生の 全部では ないと 応援して くれた。

989

토모다치노 탄죠오비 파-티-노 타메,
호테루 루-무니 아츠맏테 이루.

友達の 誕生日 パーティーの ため、ホテル ルームに 集まって いる。

990

가스노 바루부오 시메타카 쳇쿠시테 쿠레루?

ガスの バルブを 閉めたか チェックして くれる?

이것이 한국말

일요일에는 소프트 볼을 하고 오코노미야키를 먹었다.

일요일에는 소프트 볼을 하고 오코노미야키를 먹었다.

お好み焼き 오코노미야키 는 우리나라의 빈대떡과 비슷한 일본의 전통 철판 요리입니다.
오사카가 제일 유명하며, 지역마다 재료가 조금씩 다릅니다.

신칸센으로 이동해서 일찍 도착했습니다.

신칸센에 탔더니 이르게 도착 함했습니다.

신칸센(新幹線 싱칸셍)은 우리나라의 KTX 같은 일본의 고속 열차입니다.
1964년 개통했습니다.

성적이 인생의 전부는 아니라고 응원해 줬다.

성적이 인생의 전부가 아니다라고 응원해 주었다.

일본어의 반말 부정 표현인 ない 나이 는
'없다'와 '아니다'라는 뜻을 모두 가지고 있습니다.

친구 생일 파티를 위해 호텔 방에 모여 있다.

친구의 생일 파티의 위해, 호텔 방에 모여 있다.

일본에서는 '생일'을 誕生日 탄죠오비 라고 합니다.
앞에 お 오 를 붙이면(お誕生日 오탄죠오비), '생신'처럼 공손한 말이 됩니다.

가스 밸브를 잠갔는지 확인해 줄래?

가스의 밸브를 잠갔다인지 체크해 주다?

일본어에서는 명사 뒤에 명사가 바로 올 수 없습니다.
그래서 항상 명사와 명사 사이에 の 노 를 넣어 연결해주는데, 이 の 노 는 해석하지 않습니다.

991

심메뉴-오 고루곤조-라니 스루카 도오카 캉가에테 이루.

新メニューを ゴルゴンゾーラに するか どうか 考えて いる。

992

와이샤츠오 센탁시테 오쿠 노오 와스레테 시맏타.

ワイシャツを 洗濯して 置くのを 忘れて しまった。

993

테스토오 시테 미타 켁카, 다레모 라쿠다이와 시 나칻타.

テストを して みた 結果、誰も 落第は しなかった。

994

쿠리스마스니 톧타 샤싱와 와타시가 몯테 이나이.

クリスマスに 撮った 写真は 私が 持って いない。

995

레몽오 이레타 도링쿠오 츠쿧테 미마시타.

レモンを 入れた ドリンクを 作って みました。

이것이 한국말

신메뉴를 고르곤졸라로 할지 말지 생각하고 있다.

신메뉴를 고르곤졸라에 하다인지 어떻게인지 생각하고 있다.

우리말에서는 고민할 때 '~할지 말지'라고 합니다.
하지만, 일본에서는 '~할지 어떨지(する か どう か 스루 카 도오 카)'라고 합니다.

와이셔츠를 세탁해 두는 것을 깜빡했다.

와이셔츠를 세탁해 두다 / 것을 잊어 버렸다.

しまう 시마우 는 '끝내다', '끝나다'라는 뜻입니다.
동사의 て 테 형에 붙어서 て しまう 테 시마우 가 되면 '~해버리다'라는 뜻이 됩니다.

테스트 결과, 누구도 낙제는 아니었다.

시험을 해 봤다 / 결과, 누구도 낙제는 함 않았다.

히라가나 は는 원래 하라고 읽습니다.
하지만, 조사(~은, 는)로 쓴 경우에는 와 라고 발음합니다.

크리스마스에 찍은 사진은 내가 안 갖고 있다.

크리스마스에 찍었다 / 사진은 나가 갖고 있지 않다.

우리나라에서는 크리스마스나 석가탄신일이 모두 법정 공휴일이지만,
일본에서는 둘 다 평일입니다.

레몬을 넣은 음료수를 만들어 봤습니다.

레몬을 넣었다 / 음료수를 만들어 봄했습니다.

레몬(レモン 레몽)은
딸기(イチゴ 이치고), 오렌지(オレンジ 오렌지), 수박(スイカ 스이카) 등으로 바꿔 쓸 수 있습니다.

996

사이킨 츠읻타ー토 훼ー스북쿠 바카리 시테 이마스.

最近 ツイッターと フェースブック ばかり して います。

997

아나타노 신세츠나 케아니 칸샤시테 이마스.

あなたの 親切な ケアに 感謝して います。

998

오토오토와 켁콘노 쥼비오 시테 이루.

弟は 結婚の 準備を して いる。

999

카노죠와 이샤토시테 칸쟈타치오 치료오시테 이루.

彼女は 医者として 患者たちを 治療して いる。

1000

다이가쿠인니 싱각시테 벵쿄오시테 이마스.

大学院に 進学して 勉強して います。

이것이 한국말

최근 트위터와 페이스북만 하고 있습니다.

최근 트위터와 페이스북만 하고 있습니다.

ばかり 바카리 는 '~만', '~뿐'이라는 뜻의 조사로
여러 가지 중에서 하나에만 몰두하거나 집중할 때 사용합니다.

당신의 친절한 보살핌에 감사하고 있습니다.

당신의 친절한 보살핌에 감사하고 있습니다.

일본어의 2인칭 대명사는 あなた 아나타, 君 키미, お前 오마에 등이 있습니다.
あなた 아나타 는 그중 가장 공손한 2인칭 대명사입니다.

남동생은 결혼 준비를 하고 있다.

남동생은 결혼의 준비를 하고 있다.

일본어에서 '동생'은 '여동생(妹 이모오토)'과 '남동생(弟 오토오토)'으로 구분이 돼 있습니다.
성별과 무관하게 쓸 수 있는 '동생'이라는 단어는 없습니다.

그녀는 의사로서 환자들을 치료하고 있다.

그녀는 의사로서 환자들을 치료하고 있다.

우리는 '의사'를 '스승 사(師)'를 써서 醫師라고 합니다.
하지만 일본에서는 '사람 자(者)'를 써서 医者 이샤라고 합니다.

대학원에 진학해서 공부하고 있습니다.

대학원에 진학해서 공부하고 있습니다.

우리말 '공부'를 한자로는 工夫라고 씁니다.
하지만 일본어에서 工夫 쿠후우 라고 하면, '연구', '궁리'라는 뜻입니다.

1001

코노 카푸세루와 나니오 휘루타링구시테 쿠레루?

この カプセルは 何を フィルタリングして くれる?

1002

코룩 셍오 요쿠 누쿠 / 호오호오오 오시에테 아게루.

コルク 栓を よく 抜く / 方法を 教えて あげる。

1003

안테나니 츄우이시테 슈우리스루.

アンテナに 注意して 修理する。

1004

오카네가 타리 나쿠테 와인노 카와리니 비-루오 논다.

お金が 足り なくて ワインの 代わりに ビールを 飲んだ。

1005

섹케에 카이샤니 이라이시테 섹케에즈오 모랃타.

設計 会社に 依頼して 設計図を もらった。

이것이 한국말

이 캡슐은 무엇을 필터링해주니?

이 캡슐은 무엇을 필터링해 주다?

히라가나 お와 を는 둘 다 오라고 발음하지만, 사용법은 전혀 다릅니다.
を 오는 '~을(를)'이라는 뜻의 '조사'로만 사용할 수 있습니다.

코르크 마개를 잘 뽑는 방법을 가르쳐줄게.

코르크 마개를 잘 뽑다 / 방법을 가르쳐 주다.

일본어로 '마개'는 栓 셍, '뚜껑'은 蓋 후타라고 합니다.
그리고 '눈꺼풀'은 瞼 마부타라고 합니다.

안테나에 주의해서 수리하다.

안테나에 주의해서 수리하다.

する 스루 (하다)는 '명사 + する 스루'의 형태로 동사를 만들 수도 있습니다.
이 문장에서는 '수리(修理 슈우리)'와 결합했습니다.

돈이 부족해서 와인 대신 맥주를 마셨다.

돈이 족함 않아서 와인의 대신에 맥주를 마셨다.

일본어로 '돈'을 お金 오카네라고 하는데, '부자'는 金持ち 카네모치라고 합니다.
직역하면, '돈을 가짐'이라는 뜻입니다.

설계 회사에 의뢰해서 설계도를 받았다.

설계 회사에 의뢰해서 설계도를 받았다.

우리말의 수수표현은 '주다'와 '받다' 뿐입니다.
하지만 일본어의 수수표현은 남이 나에게 주는지, 내가 남에게 주는지를 구분해서 3종류가 있습니다.

103

1006

이마 쿄오카이데 켁콘시키오 아게테 이루?

今 教会で 結婚式を 挙げて いる?

1007

켁콘시키데 샤싱오 탁산 톧테 카타즈케루 / 노모 타이헨닫타.

結婚式で 写真を たくさん 撮って 片づける / のも 大変だった。

1008

코노 세에세키데모 다이가쿠니 싱가쿠 데키루 토 오몯테 이루?

この 成績でも 大学に 進学 できると 思って いる?

1009

시아이데 카츠 / 카노오세에가 히쿠이 / 노와 싣테 이루.

試合で 勝つ / 可能性が 低い / のは 知って いる。

1010

소노 히와 켁콘시키니 읻타 / 노데 카레시토와 아이마센 데시타.

その 日は 結婚式に 行った / ので 彼氏とは 会いません でした。

이것이 한국말

지금 교회에서 결혼식을 올리고 있어?

지금 교회에서 결혼식을 올리고 있다?

일본어에는 동음이의어가 많습니다. 挙げる와 上げる는 모두 아게루라고 읽지만,
挙げる는 '식을 거행하다', 上げる는 '위로 올리다'라는 뜻입니다.

결혼식에서 사진을 많이 찍었더니 정리하는 것도 큰일이었다.

결혼식에서 사진을 많음 찍어서 정리하다 / 것도 큰일이었다.

결혼식(結婚式 켁콘시키)은 입학식(入学式 뉴우각시키),
졸업식(卒業式 소츠교오시키), 여행(旅行 료코오) 등으로 바꿔 쓸 수 있습니다.

이 성적으로도 대학에 갈 수 있다고 생각해?

이 성적으로도 대학에 진학 할 수 있다라고 생각하고 있다?

일본에서는 4년제 대학을 大学 다이가쿠 라고 하고,
전문 대학은 短期大学 탕키다이가쿠 라고 합니다.

시합에서 이길 가능성이 작다는 것은 알고 있다.

시합에서 이기다 / 가능성이 낮다 / 것은 알고 있다.

우리가 중요한 시험을 앞두고 엿을 먹듯이, 일본에서는 돈가스를 먹습니다.
'이기다'라는 뜻의 勝つ 카츠 와 발음이 비슷하기 때문입니다.

그 날은 결혼식에 가서 남자친구와는 만나지 않았습니다.

그 날은 결혼식에 갔다 / 것으로
남자친구와는 만남 하지 않습니다 였습니다.

その日 소노히 는 '그날'이라는 뜻입니다. '어느 날'은 ある日 아루히 라고 합니다.

-첫날부터 잘한다-

1 ~하고 있다.

2 ~하고 있었다.

3 ~하고 있습니다.

4 ~하고 있었습니다.

5 ~하고 있지 않다.

6 ~하고 있지 않았다.

7 ~하고 있지 않습니다.

8 ~하고 있지 않았습니다.

앞으로 소개할 8문형 미리 보기

1. 타베 **테 이루**.
   食べ て いる。먹고 있다.

2. 타베 **테 이타**.
   食べ て いた。먹고 있었다.

3. 타베 **테 이마스**.
   食べ て います。먹고 있습니다.

4. 타베 **테 이마시타**.
   食べ て いました。먹고 있었습니다.

5. 타베 **테 이 나이**.
   食べ て いない。먹고 있지 않다.

6. 타베 **테 이 나칻타**.
   食べ て いなかった。먹고 있지 않았다.

7. 타베 **테 이 마셍**.
   食べ て いません。먹고 있지 않습니다.

8. 타베 **테 이 마셴 데시타**.
   食べ て いません でした。먹고 있지 않았습니다.

Tip

이루いる는 '있다'라는 뜻의 2그룹 동사입니다. 단독으로 쓰일 때는 사람이나 동물 등 생물이 '있다', '존재하다'라는 것을 나타냅니다. 하지만 동사의 **테**て형 + **이루**いる의 형태가 되면 영어의 ing처럼 현재 진행 중인 상황, 상태 등을 나타냅니다.

앞으로 소개할 8문형 미리 보기

1. **카 이테 이루.**
   書 いて いる。 쓰고 있다.

2. **카 이테 이타.**
   書 いて いた。 쓰고 있었다.

3. **카 이테 이마스.**
   書 いて います。 쓰고 있습니다.

4. **카 이테 이마시타.**
   書 いて いました。 쓰고 있었습니다.

5. **카 이테 이 나이.**
   書 いて い ない。 쓰고 있지 않다.

6. **카 이테 이 나캇타.**
   書 いて い なかった。 쓰고 있지 않았다.

7. **카 이테 이 마셍.**
   書 いて い ません。 쓰고 있지 않습니다.

8. **카 이테 이 마셍 데시타.**
   書 いて い ません でした。 쓰고 있지 않았습니다.

Tip

테て + **이루**いる 표현을 응용할 때는 **이루**いる 를 응용하는데,
이때 **이루**いる 는 2그룹 동사의 기본 응용법과 같은 방법으로 변화합니다.

앞으로 소개할 8문형 미리 보기

1. **시 테 이루.**
   して いる。 하고 있다.

2. **시 테 이타.**
   して いた。 하고 있었다.

3. **시 테 이마스.**
   して います。 하고 있습니다.

4. **시 테 이마시타.**
   して いました。 하고 있었습니다.

5. **시 테 이 나이.**
   して いない。 하고 있지 않다.

6. **시 테 이 나칻타.**
   して いなかった。 하고 있지 않았다.

7. **시 테 이 마셍.**
   して いません。 하고 있지 않습니다.

8. **시 테 이 마셍 데시타.**
   して いません でした。 하고 있지 않았습니다.

Tip

동사의 **테** て형 + **이루** いる 문형에서, **이루** いる의 **이** い는 생략할 수 있습니다.

하고 있다

  =

하고 있습니다

  =

1011

비쥬츠니 쿄오미오 탁삼 몯테 이마스.

美術に 興味を たくさん 持って います。

1012

진세에니 만족 시나가라 이키테 이루.

人生に 満足 しながら 生きて いる。

1013

코노 큐우죠센데 킴무시테 이루 / 히토와 난 닌데스카?

この 救助船で 勤務して いる / 人は 何 人ですか?

1014

심푸루나 시루바-링구오 하메테 이루.

シンプルな シルバーリングを はめて いる。

1015

탐펜 쇼오세츠가 세에코오시테, 마타 쇼오세츠오 카이테 이마스.

短編 小説が 成功して、また 小説を 書いて います。

미술에 흥미가 많습니다.

미술에 흥미를 많음 가지고 있습니다.

미술(美術 비쥬츠)은 문학(文学 붕가쿠), 수학(数学 스으가쿠), 음악(音楽 옹가쿠) 등으로 바꿔 쓸 수 있습니다.

인생에 만족하면서 살고 있다.

인생에 만족 함하면서 살고 있다.

동사의 명사형에 ながら 나가라 를 붙이면 '~하면서'라는 표현이 됩니다.
生きながら 이키나가라 라고 하면 '살면서'라는 뜻입니다.

이 구조선에서 근무하는 사람은 몇 명입니까?

이 구조선에서 근무하고 있다 / 사람은 몇 명입니까?

'근무하다(勤務する 킴무스루)'는
비슷한 뜻을 가진 단어인 働く 하타라쿠(일하다, 활동하다)로 바꿔 쓸 수 있습니다.

심플한 은반지를 끼고 있다.

심플한 은반지를 끼고 있다.

일본어로 '반지를 끼다'는 リング を はめる 링구 오 하메루 라고 합니다.
'목걸이를 하다'는 ネックレス を つける 넥쿠레스 오 츠케루 라고 합니다.

단편 소설이 성공해서, 또 소설을 쓰고 있습니다.

단편 소설이 성공해서, 또 소설을 쓰고 있습니다.

また 마타 는 '또', '다시'라는 뜻의 부사입니다.
'아직'이라는 뜻의 부사 まだ 마다 와 발음이 비슷하므로 주의해야 합니다.

1016

와타시와 켁카니 낟토쿠 데키나쿠테 코오기시타.

私は 結果に 納得 できなくて 抗議した。

1017

난데모 쥬도오테키니 시타라 앙이나 진세에니 낟테 시마우.

何でも 受動的に したら 安易な 人生に なって しまう。

1018

보쿠와 세론니 쿄오칸 데키나쿠테 코맏타.

僕は 世論に 共感 できなくて 困った。

1019

오오보샤 노미니 츠으호오시테 이벤토오 싱코오스루.

応募者 のみに 通報して イベントを 進行する。

1020

돈나 리유우가 앋테모 보오료쿠와 후루이마셍.

どんな 理由が あっても 暴力は ふるいません。

나는 결과를 이해할 수 없어서 항의했다.

나는 결과에 납득 할 수 없어서 항의했다.

우리말과 달리 일본어는 1인칭 대명사가 아주 다양합니다.
私 와타시 는 그중에서도 가장 무난하게 사용할 수 있는 '나'입니다.

무엇이든 수동적으로 하면 안이한 인생이 돼 버려.

무엇이라도 수동적에 하면 안이한 인생에 돼 버리다.

일본어의 가정 표현은 たら 타라, ば 바, なら 나라, と 토 4가지가 있습니다.
이 중에서 たら 타라 는 가장 흔히 사용되는 가정법입니다.

나는 여론에 공감할 수 없어서 곤란했다.

나는 세론에 공감 할 수 없어서 곤란했다.

우리말에서는 보통 '여론(輿論)'이라는 단어를 많이 씁니다.
하지만 일본에서는 世論 세롱 이라는 말을 더 많이 사용합니다.

응모자만 통보하고 이벤트를 진행하다.

응모자 만에 통보하고 이벤트를 진행하다.

のみ 노미 는 '~만'이나 '~뿐' 같이 한정을 나타내는 부조사입니다.
비슷한 의미의 조사로는 だけ 다케 와 ばかり 바카리 가 있습니다.

어떤 이유가 있어도 폭력은 행사하지 않습니다.

어떤 이유가 있어도 폭력은 휘두름하지 않습니다.

일본어에서는 '있다'를 ある 아루 혹은 いる 이루 라고 합니다.
ある 아루 는 사물이나 식물, 추상적인 것이 있다고 할 때 사용합니다.

1021

이로이로 도록시테 미타가 벰피와 나오라 나캍타.

色々 努力して みたが 便秘は 治らなかった。

1022

이벤토니 상카시테 게-무 소후토오 모라와 나캍타?

イベントに 参加して ゲーム ソフトを もらわなかった?

1023

로비-데 보-카루 토레-나니 데앝테 하나시타.

ロビーで ボーカル トレーナに 出会って 話した。

1024

케에사츠쇼노 마에데 데앝테 안신시타.

警察署の 前で 出会って 安心した。

1025

쿄오자이오 푸린토시테 미루.

教材を プリントして 見る。

여러 가지로 노력해 봤지만, 변비는 낫지 않았다.

여러 가지 노력해 봤다지만 변비는 낫지 않았다.

々는 앞의 한자를 1번 더 쓰라는 반복 부호입니다.
色々 이로이로 (여러 가지), 時々 토키도키 (때때로), 人々 히토비토 (사람들)같이 씁니다.

이벤트에 참가해서 게임 소프트를 받지 않았어?

이벤트에 참가해서 게임 소프트를 받지 않았다?

게임 소프트(ゲームソフト 게-무소후토)는 닌텐도(任天堂 닌텐도오)나
노트북컴퓨터(ノートパソコン 노-토파소콩) 등으로 바꿔 쓸 수 있습니다.

로비에서 보컬 트레이너를 만나서 이야기했다.

로비에서 보컬 트레이너에 만나서 이야기했다.

숲う 아우 는 시간과 장소를 정해서 만나는 것,
出会う 데아우 는 약속을 하지 않고 우연히 만나는 것을 의미합니다.

경찰서 앞에서 만나서 안심했다.

경찰서의 앞에서 만나서 안심했다.

경찰서(警察署 케에사츠쇼)는
우체국(郵便局 유우빙쿄쿠)이나 소방서(消防署 쇼오보오쇼) 등으로 바꿔 쓸 수 있습니다.

교재를 프린트해서 보다.

교재를 프린트해서 보다.

우리나라와는 달리, 일본은 가로쓰기와 세로쓰기를 혼용하고 있습니다.
그래서 일본 책은 우리나라 책과 페이지 넘기는 방식이 반대인 경우가 많습니다.

1026

케에상키가 나이토 토케나이 / 몬다이다 토 오모우.

計算機が ないと 解けない / 問題だ と 思う。

1027

난 도모 카이기오 시테모 이켄노 잇치시 나이토 오몬테 이루.

何度も 会議を しても 意見の 一致し ないと 思って いる。

1028

아시타 카라와 코레요리 몯토 오마에오 무시시테 이지메루.

明日からは これより もっと お前を 無視して いじめる。

1029

유키가 탁산 훋테 우고케나이.

雪が たくさん 降って 動けない。

1030

카레오 무시시테 게-무오 시테 이마시타.

彼を 無視して ゲームを して いました。

계산기가 없으면 풀 수 없는 문제라고 생각하다.

계산기가 없다라면 풀 수 없다 / 문제다 라고 생각하다.

일본어의 반말 부정 표현인 ない 나이 는
'없다'와 '아니다'라는 뜻을 모두 가지고 있습니다.

몇 번이나 회의해도 의견이 일치하지 않는다고 생각한다.

몇 번이나 회의를 해도 의견의 일치함 않다라고 생각하고 있다.

일본어 조사 も 모 는 원래 '~도'라는 뜻입니다.
하지만, 숫자의 뒤에 오면 '~이나'라는 강조의 의미로 사용됩니다.

내일부터는 이것보다 더 너를 무시하고 괴롭힐 거야.

내일부터는 이것보다 더 너를 무시하고 괴롭히다.

明日(내일)은 あした 아시타 혹은 あす 아스 라고 합니다.
あした 아시타 는 일상에서 쓰는 평어고, あす 아스 는 딱딱하고 정중한 말입니다.

눈이 많이 내려서 움직일 수 없다.

눈이 많음 내려서 움직일 수 없다.

일본어로 '눈'은 雪 유키, '비'는 雨 아메, '바람'은 風 카제 라고 합니다.

그를 무시하고 게임을 하고 있었습니다.

그를 무시하고 게임을 하고 있었습니다.

게임(ゲーム 게-무)은
공부(勉強 벵쿄오), 일(仕事 시고토), 이야기(話 하나시) 등으로 바꿔 쓸 수 있습니다.

1031

코노 후쿠오 스치-무 센타쿠키니 이레테 쿠레루?

この 服を スチーム 洗濯機に 入れて くれる?

1032

사이바- 스페-스데 한자이코오이오 시타 / 히토가 니게테 이마스.

サイバー スペースで 犯罪行為を した / 人が 逃げて います。

1033

화운데-숑 카시테 쿠레테 아리가토오!

ファウンデーション 貸して くれて ありがとう!

1034

이라이시타 / 바나-노 삼푸루오 미테 이루.

依頼した / バナーの サンプルを 見て いる。

1035

도코데 잠파-오 히롯타카 오시에테 쿠레루?

どこで ジャンパーを 拾ったか 教えて くれる?

이것이 한국말

이 옷을 스팀 세탁기에 넣어 줄래?

이 옷을 스팀 세탁기에 넣어 주다?

옷(服 후쿠)은 와이셔츠(ワイシャツ 와이샤츠), 바지(ズボン 즈봉),
원피스(ワンピース 완피-스) 등으로 바꿔 쓸 수 있습니다.

사이버 스페이스에서 범죄를 저지른 사람이 도망치고 있습니다.

사이버 스페이스에서 범죄행위를 했다 / 사람이 도망치고 있습니다.

일본은 사형을 실제로 집행합니다.
2012년 12월 집권한 아베 총리의 현 정권은 2018년 2월 현재까지 총 21건의 사형을 집행했습니다.

파운데이션 빌려줘서 고마워!

파운데이션 빌려 줘서 고마워!

일본어의 감사 인사말인 ありがとう 아리가토오 는 한자로는 有難う라고 씁니다.
직역하면 '있기 힘든 일'이 됩니다.

의뢰했던 배너 샘플을 보고 있다.

의뢰했다 / 배너의 샘플을 보고 있다.

샘플(サンプル 삼푸루)은
'견본'이라는 뜻의 단어 見本 미홍으로 바꿔 쓸 수 있습니다.

어디에서 잠바를 주웠는지 알려줄래?

어디에서 잠바를 주웠다인지 가르쳐 주다?

どこ 도코 는 '어디'라는 뜻입니다.
'여기'는 ここ 코코, '거기'는 そこ 소코, '저기'는 あそこ 아소코 라고 합니다.

1036

와캇테 이루 카라 에딧토니 캉요 시 나이데 쿠레루?

分かって いるから エディットに 関与し ないで くれる?

1037

캠푸데 카제오 히이테 츄우샤오 웃타.

キャンプで 風邪を ひいて 注射を 打った。

1038

인슈린 츄우샤오 웃테 키타.

インシュリン 注射を 打って 来た。

1039

코코데 후란스 료오리오 시테 이타.

ここで フランス 料理を して いた。

1040

아네와 미신데 지-팡오 슈우젠시테 이루.

姉は ミシンで ジーパンを 修繕して いる。

이것이 한국말

알고 있으니까 편집에 관여하지 말아 줄래?

알고 있다니까 편집에 관여함 않아 주다?

'알다'는 일본어로 知る 시루 혹은 分かる 와카루 라고 합니다.
分かる 와카루 는 어떤 사실을 이해하거나 깨달았을 때 사용하는 '알다'입니다.

캠프에서 감기에 걸려 주사를 맞았다.

캠프에서 감기를 걸려서 주사를 맞았다.

일본어로 '감기'라는 뜻의 단어인 風邪 카제 는
'바람'이라는 뜻의 風 카제 와 발음이 같습니다.

인슐린 주사를 맞고 왔다.

인슐린 주사를 맞고 왔다.

히라가나 お와 を를 둘 다 오라고 하지만, 사용법은 전혀 다릅니다.
を 오 는 '~을(를)'이라는 뜻의 '조사'로만 쓰고, 일반 단어로는 쓰지 않습니다.

여기에서 프랑스 요리를 하고 있었다.

여기에서 프랑스 요리를 하고 있었다.

프랑스(フランス 후란스)는
이탈리아(イタリア 이타리아)나 영국(イギリス 이기리스) 등으로 바꿔 쓸 수 있습니다.

언니는 재봉틀로 청바지를 수선하고 있다.

언니는 재봉틀로 청바지를 수선하고 있다.

일본어로 '바지'를 ズボン 즈봉 이라고 하는데,
'청바지'는 ジーンズ 지-인즈 혹은 ジーパン 지-팡 이라고 합니다.

1041

몬토 쿠와시쿠 오시에테 쿠레마셍카?

もっと 詳しく 教えて くれませんか?

1042

쿠라이막쿠스노 갸쿠텐니 츠이테 세츠메에시테 쿠레루?

クライマックスの 逆転に ついて 説明して くれる?

1043

인타-안십푸오 소오루데 싱코오시테 이마스.

インターンシップを ソウルで 進行して います。

1044

카노죠와 에에가 칸토쿠오 메자시테 이루.

彼女は 映画 監督を 目指して いる。

1045

혼토오니 아노 후타리가 데-토시테 이타?

本当に あの 二人が デートして いた?

더 자세하게 가르쳐 주지 않겠습니까?

더 상세하게 가르쳐 주지 않습니까?

もっと 몯토는 '더', '더욱'이라는 뜻인데,
最も 몯토모라고 하면 '가장', '무엇보다도'라는 의미가 됩니다.

결말의 반전에 관해 설명해 줄래?

클라이맥스의 역전에 관해서 설명해 주다?

'설명해 줄래?(説明して くれる? 세츠메이 시테 쿠레루?)'는
'이야기해 줄래?(話して くれる? 하나시테 쿠레루?)'로 바꿔 쓸 수 있습니다.

인턴십을 서울에서 진행하고 있습니다.

인턴십을 서울에서 진행하고 있습니다.

일본어로 '서울'은 ソウル 소오루, '도쿄'는 東京 토오쿄오, '베이징'은 北京 페킹 이라고 합니다.

그녀는 영화감독을 목표로 하고 있다.

그녀는 영화 감독을 지향하고 있다.

目指す 메자스 는 '지향하다', '목표로 하다'라는 뜻의 동사입니다.
장래에 무엇이 되고 싶다고 할 때나 바라는 목표에 관해 이야기할 때 사용합니다.

정말로 저 둘이 데이트하고 있었어?

정말에 저 두 사람이 데이트하고 있었다?

일본어로 '두 사람(2명)'은 二人 후타리, '한 사람(1명)'은 一人 히토리 라고 합니다.
3명부터는 기수를 사용합니다.

1046

센세에 니 뎅와 시테 시츠몬 스루.

先生に 電話して 質問する。

1047

소노 싱고오 노 토나리 니 아루 / 나이카 니 잇테 미타?

その 信号の 隣に ある / 内科に 行って みた?

1048

소노 게-토 오 츠으카 시테 하싣타.

その ゲートを 通過して 走った。

1049

아나타 가 도오이 시타 / 죠오켕 오 켄토오 시테 이마스.

あなたが 同意した / 条件を 検討して います。

1050

푸레젠토 요오 데 세-타- 오 칻테 와타시 노 쿠츠시타 모 칻타.

プレゼント 用で セーターを 買って 私の 靴下も 買った。

선생님에게 전화해서 질문하다.

선생님에게 전화해서 질문하다.

우리는 선생님을 선생'님'이라고 존칭을 붙여 부릅니다.
하지만 일본에서는 그냥 先生 센세에 (선생님)라고 합니다.

그 신호등 옆에 있는 내과에 가 봤어?

그 신호의 옆에 있다 / 내과에 가 봤다?

일본어로 '옆'을 뜻하는 단어는 隣 토나리, 橫 요코, そば 소바 등이 있습니다.
隣 토나리 는 '옆', '이웃', '이웃집'이라는 뜻입니다.

그 게이트를 통과해서 달렸다.

그 게이트를 통과해서 달렸다.

3그룹 동사 중 하나인 する 스루 (하다)는
'명사 + する 스루'의 형태로 동사를 만들 수도 있습니다.

당신이 동의한 조건을 검토하고 있습니다.

당신이 동의했다 / 조건을 검토하고 있습니다.

일본어는 2인칭 대명사가 다양합니다.
あなた 아나타 는 그중에서 가장 공손한 표현으로, '당신'이라는 뜻입니다.

선물용으로 스웨터를 사고 내 양말도 샀다.

선물 용으로 스웨터를 사고 나의 양말도 샀다.

스웨터(セーター 세-타-)는
머플러(マフラー 마후라-), 장갑(手袋 테부쿠로) 등으로 바꿔 쓸 수 있습니다.

1051

쿠-라-오 케시테 쿠다사이토 타논데 쿠레나이?

クーラーを 消して くださいと 頼んで くれない?

1052

스켓치북쿠니 에가이타 / 히토가 다레카 오시에테 쿠레루?

スケッチブックに 描いた / 人が 誰か 教えて くれる?

1053

아타라시이 / 데지타루카메라니 츠이테 나얀데 이루.

新しい / デジタルカメラに ついて 悩んで いる。

1054

네-데루란도데 나츠야스미오 스고시테 이루.

ネーデルランドで 夏休みを 過ごして いる。

1055

콘츄우오 칸사츠시테 키록쿠시테 오이타.

昆虫を 観察して 記録して おいた。

이것이 한국말

냉방 장치를 꺼달라고 부탁해주지 않을래?

냉방 장치를 꺼 주세요라고 부탁해 주지 않다?

'냉방 장치'는
クーラー 쿠-라- (쿨러) 혹은 エアコン 에아콩 (에어컨)이라는 표현을 사용합니다.

스케치북에 그린 사람이 누구인지 알려줄래?

스케치북에 그렸다 / 사람이 누구인지 가르쳐 주다?

일본어로 '(그림을) 그리다'라는 뜻의 동사 描く는
えがく 에가쿠 혹은 かく 카쿠 라고 읽습니다.

새 디지털카메라에 대해 고민하고 있다.

새롭다 / 디지털카메라에 대해서 고민하고 있다.

우리가 '디지털카메라'를 '디카'라고 줄여서 부르듯이,
일본에서도 デジタルカメラ 데지타루카메라 를 デジカメ 데지카메 라고 줄여 부릅니다.

네덜란드에서 여름 방학을 보내고 있다.

네덜란드에서 여름 방학을 보내고 있다.

우리는 '방학'과 '휴가'를 구별합니다.
하지만 일본에서는 '방학', '휴가', '휴일', '휴식'을 모두 休み 야스미 라고 표현합니다.

곤충을 관찰하고 기록해 뒀다.

곤충을 관찰하고 기록해 뒀다.

곤충(昆虫 콘츄우)은
식물(植物 쇼쿠부츠), 꽃(花 하나), 토마토(トマト 토마토) 등으로 바꿔 쓸 수 있습니다.

1056

요오인니 츠이테 론리테키나 분세키오 스루.

要因に ついて 論理的な 分析を する。

1057

이마 욘데 이루 / 망가노 츠기노 나이요오가 키니 나루.

今 読んで いる / 漫画の 次の 内容が 気に なる。

1058

스타지오가 아츠이카라 셈푸우키오 카케테 쿠레루?

スタジオが 暑いから 扇風機を かけて くれる?

1059

오레와 보스카라 쥬우요오나 비지네스바카리 모랃테 이타.

俺は ボスから 重要な ビジネスばかり もらって いた。

1060

카레와 이벤토오 카이사이시테 미타 / 케에켕가 아루.

彼は イベントを 開催して みた / 経験が ある。

이것이 한국말

요인에 관해 논리적인 분석을 한다.

요인에 관해서 논리적인 분석을 하다.

に ついて 니 츠이테 는 '~에 대해서', '~에 관해서'라는 뜻입니다.
비슷한 표현으로 に 対して 니 타이시테 가 있습니다.

지금 보고 있는 만화의 다음 내용이 궁금하다.

지금 읽고 있다 / 만화의 다음의 내용이 기운에 되다.

気 に なる 키 니 나루 는 '궁금하다'라는 뜻 외에,
'신경 쓰이다', '걱정되다'라는 뜻도 있습니다.

스튜디오가 더우니까 선풍기를 틀어줄래?

스튜디오가 덥다니까 선풍기를 걸어 주다?

스튜디오(スタジオ 스타지오)는
교실(教室 쿄오시츠)이나 사무실(事務所 지무쇼) 등으로 바꿔 쓸 수 있습니다.

나는 보스로부터 중요한 비즈니스만 받고 있었다.

나는 보스부터 중요한 비즈니스만 받고 있었다.

俺 오레 는 '나'라는 뜻의 1인칭 대명사입니다.
일본어는 1인칭 대명사가 다양해서 상황이나 대화 상대에 따라 적절한 대명사를 골라 써야 합니다.

그는 이벤트를 개최해 본 경험이 있다.

그는 이벤트를 개최해 봤다 / 경험이 있다.

어떤 경험이 있음을 이야기할 때는
して みた こと が ある 시테 미타 코토 가 아루(해 본 적 있다)는 표현도 쓸 수 있습니다.

1061

카노죠 노 켁콘시키 니와 슛세키 시테 이왇타.

彼女の 結婚式には 出席して 祝った。

1062

카레 노 하나시 와 난 도 모 키이테모 리카이 데키나이.

彼の 話は 何 度も 聞いても 理解 できない。

1063

로시아 마데 읻테 시베리아 오오단 테츠도오 니 녿타?

ロシアまで 行って シベリア 横断 鉄道に 乗った?

1064

카-도 니 펜 데 나마에 오 카이테 아리 마시타카?

カードに ペンで 名前を 書いて ありましたか?

1065

푸레젠토 데 로볻토 오 모랃타 토 닉키쵸오 니 카이테 앋타.

プレゼントで ロボットを もらったと 日記帳に 書いて あった。

그녀의 결혼식에는 출석해서 축하했다.

그녀의 결혼식에는 출석해서 축하했다.

彼女 카노죠 는 '그녀'라는 뜻의 3인칭 대명사인데, '여자친구'라는 뜻도 있습니다.
'남자친구'는 彼氏 카레시 라고 합니다.

그의 이야기는 몇 번을 들어도 이해할 수 없다.

그의 이야기는 몇 번이나 들어도 이해 할 수 없다.

일본어 조사 も 모는 원래 '~도'라는 뜻인데,
숫자의 뒤에서는 '~이나'라는 강조의 의미가 됩니다.

러시아까지 가서 시베리아 횡단 열차를 탔어?

러시아까지 가서 시베리아 횡단 철도에 탔다?

乗る 노루 ((교통수단에) 타다)는 조사 に 니와 한 쌍을 이루는 동사이므로,
に 乗る 니 노루의 형태로 외우는 게 좋습니다.

카드에 펜으로 이름을 적어뒀습니까?

카드에 펜으로 이름을 쓰고 있음 했습니까?

일본어로 '이름'은 名前 나마에, '성(姓)'은 名字 묘오지 라고 합니다.

선물로 로봇을 받았다고 일기장에 쓰여 있었다.

선물로 로봇을 받았다라고 일기장에 쓰고 있었다.

로봇(ロボット 로봇토)은
봉제 인형(ぬいぐるみ 누이구루미), 그림책(絵本 에홍) 등으로 바꿔 쓸 수 있습니다.

이것이 일본말

1066

쿠이-잉 야쿠노 히쥬우가 타카이 / 코토니 츠이테 하나시아우.

クイーン 役の 比重が 高い / ことに ついて 話し合う。

1067

로봇토오 콘토로-루시테 미타?

ロボットを コントロールして みた?

1068

코노 학카-노 쇼자이오 싣테 이루 / 히토와 다레데스카?

この ハッカーの 所在を 知って いる / 人は 誰ですか?

1069

스토로-오 코코니 스테테 읻타.

ストローを ここに 捨てて 行った。

1070

쇼오지키, 손스루 / 코토바카리 심파이시테 이나이?

正直、損する / ことばかり 心配して いない?

이것이 한국말

여왕 역의 비중이 높은 것에 관해 의논하다.

여왕 역의 비중이 높다 / 일에 관해 의논하다.

話し合う 하나시아우 는 話す 하나스 (이야기하다)와 合う 아우 (합쳐지다)가 합쳐진 형태로,
'서로 이야기하다', '의논하다'라는 뜻입니다.

로봇을 제어해 봤어?

로봇을 컨트롤해 봤다?

일본의 고유 글자로는 히라가나와 가타카나 2종류가 있습니다.
이중 가타카나는 외국어나 외래어, 강조하고 싶은 부분 등을 표기할 때 사용합니다.

이 해커의 소재를 아는 사람은 누구입니까?

이 해커의 소재를 알고 있다 / 사람은 누구입니까?

人을 일본어로 ひと 히토 혹은 にん 닝 이라고 합니다.
ひと 히토 는 '사람'이라는 뜻이고, にん 닝은 사람 수를 셀 때 주로 사용합니다.

빨대를 여기에 버리고 갔다.

빨대를 여기에 버리고 갔다.

일본어로 '쓰레기'는 ゴミ 고미, '쓰레기통'은 ゴミ箱 고미바코,
'쓰레기봉투'는 ゴミ袋 고미부쿠로, '쓰레기장'은 ゴミ捨て場 고미스테바 라고 합니다.

솔직히 손해 보는 것만 걱정하고 있지 않아?

정직, 손해보다 / 일만 걱정하고 있지 않다?

正直 쇼오지키 는 '정직'이라는 뜻인데, '솔직히'라는 의미로도 사용됩니다.

-첫날부터 잘한다-

1 ~해 있다.
2 ~해 있었다.
3 ~해 있습니다.
4 ~해 있었습니다.
5 ~해 있지 않다.
6 ~해 있지 않았다.
7 ~해 있지 않습니다.
8 ~해 있지 않았습니다.

앞으로 소개할 8문형 미리 보기

1 시메 테 아루.
閉めて ある。 닫혀 있다.

2 시메 테 앗타.
閉めて あった。 닫혀 있었다.

3 시메 테 아리마스.
閉めて あります。 닫혀 있습니다.

4 시메 테 아리마시타.
閉めて ありました。 닫혀 있었습니다.

5 시메 테 나이.
閉めて ない。 닫혀 있지 않다.

6 시메 테 나캇타.
閉めて なかった。 닫혀 있지 않았다.

7 시메 테 아리 마셍.
閉めて あり ません。 닫혀 있지 않습니다.

8 시메 테 아리 마센 데시타.
閉めて あり ません でした。 닫혀 있지 않았습니다.

Tip

아루 ある는 '있다'라는 뜻의 1그룹 동사입니다.
단독으로 쓰일 때는 식물이나 사물 등이 '있다'고 할 때 사용합니다.
하지만 동사의 **테** て 형과 조합하면, 무엇이 '돼 있다'라는 뜻이 됩니다.

窓が　ある
마도가　아루 : 창문이 **있다**

窓が　閉め　て　ある
마도가　　테　 : 창문이 **닫혀 있다**

앞으로 소개할 8문형 미리 보기

1. **카 이테 아루.**
   書 いて ある。 쓰여 있다.

2. **카 이테 앋타.**
   書 いて あった。 쓰여 있었다.

3. **카 이테 아리마스.**
   書 いて あります。 쓰여 있습니다.

4. **카 이테 아리마시타.**
   書 いて ありました。 쓰여 있었습니다.

5. **카 이테 나이.**
   書 いて ない。 쓰여 있지 않다.

6. **카 이테 나칻타.**
   書 いて なかった。 쓰여 있지 않았다.

7. **카 이테 아리 마셍.**
   書 いて あり ません。 쓰여 있지 않습니다.

8. **카 이테 아리 마센 데시타.**
   書 いて あり ません でした。 쓰여 있지 않았습니다.

Tip

이루 いる와 **아루** ある는 둘 다 '있다'라는 뜻의 동사입니다. 단독으로 쓰일 때의 **이루** いる는 '생물'이 있다는 뜻이고, **아루** ある는 '무생물'이 있다는 뜻입니다. 하지만 동사의 て형과 조합되면, '상황'이 달라집니다.

| 동사의 て형 + 이루 いる | : 동사의 행동을 지금 하고 있는 중 |

| 동사의 て형 + 아루 ある | : 누군가가 동사의 행동을 이미 해 둔 상황 |

앞으로 소개할 8문형 미리 보기

1. **시 테 아루.**
   して ある。해져 있다.

2. **시 테 앋타.**
   して あった。해져 있었다.

3. **시 테 아리마스.**
   して あります。해져 있습니다.

4. **시 테 아리마시타.**
   して ありました。해져 있었습니다.

5. **시 테 나이.**
   して ない。해져 있지 않다.

6. **시 테 나칻타.**
   して なかった。해져 있지 않았다.

7. **시 테 아리 마셍.**
   して あり ません。해져 있지 않습니다.

8. **시 테 아리 마셴 데시타.**
   して あり ません でした。해져 있지 않았습니다.

Tip

동사의 **테**て형 + **아루**ある 표현을 응용할 때는, 동사의 **테**て형 + **이루**いる 문형과 마찬가지로 **아루**ある를 활용합니다. **아루**ある는 1그룹 동사의 기본 응용법과 같은 방법으로 변화하는데, 부정표현은 **아라나이**あらない가 아니라, 그냥 **나이**ない 입니다.

して	ある		して	ない
시테	**아루**		**시테**	**나이**
해져	있다		해져	있지 않다

1071

도아 니와 『카요오비 와 야스미 마스』토 카이테 앝타.

ドアには『火曜日は 休みます』と 書いて あった。

1072

테스토와 오왙타가 슈쿠다이가 탁산 노콛테 아루.

テストは 終わったが 宿題が たくさん 残って ある。

1073

낟토오 노 산치가 도코카 카이테 아루.

納豆の 産地が どこか 書いて ある。

1074

아타라시이 / 소화-오 츄우몬 시테 앝타.

新しい / ソファーを 注文して あった。

1075

마치노 츄우신치니 쿠리스마스츠리-가 셋치 시테 아루.

町の 中心地に クリスマスツリーが 設置して ある。

이것이 한국말

문에는 『화요일은 쉽니다』라고 쓰여 있었다.

문에는 『화요일은 쉼합니다』라고 쓰고 있었다.

일본어도 우리말처럼 조사와 조사를 연결해서 쓸 수 있습니다.
이 문장에서는 に 니(~에)와 は 와(~은, 는)가 붙어서 には 니와(~에는)가 쓰였습니다.

시험은 끝났지만, 숙제가 많이 남아 있다.

시험은 끝났다지만 숙제가 많음 남아 있다.

일본어에서는 '있다'를 ある 아루 혹은 いる 이루 라고 합니다.
ある 아루 는 사물이나 식물, 추상적인 것이 있다고 할 때 사용합니다.

낫토의 산지가 어디인지 쓰여 있다.

낫토의 산지가 어디인지 쓰고 있다.

納豆 낟토오 (낫토)는 우리의 청국장과 비슷한 일본의 전통 음식입니다.
끈적끈적하고 독특한 냄새가 나는 것이 특징입니다.

새 소파를 주문했다.

새롭다 / 소파를 주문하고 있었다.

일본어의 형용사는 'い 이 형용사'와 'な 나 형용사'로 나뉩니다.
い 이 형용사는 마지막 글자 い 이 뒤에 명사를 연결합니다.

마을 중심지에 크리스마스트리가 설치돼 있다.

마을의 중심지에 크리스마스트리가 설치해 있다.

町은 まち 마치 라고 읽으면 '거리', '동네'라는 뜻이지만,
ちょう 쵸오 라고 하면 일본의 행정구역 명칭이 됩니다.

1076

유우메에나 쇼오세츠 데스 가, 욘데 미타 / 코토와 아리 마셍.

有名な 小説ですが、読んで みた / ことは あり ません。

1077

지칸니 요유우가 앋테, 육쿠리 아루이테 이타.

時間に 余裕が あって、ゆっくり 歩いて いた。

1078

낭쿄쿠마데 키테 나니오 켕큐우시테 이루?

南極まで 来て 何を 研究して いる?

1079

카노죠와 카레시토 히로오엔니 읻타 / 노데, 이마 이마셍.

彼女は 彼氏と 披露宴に 行った / ので、今 いません。

1080

시-츠노 우에니 휘루무가 아루카 미테 쿠레루?

シーツの 上に フィルムが あるか 見て くれる?

이것이 한국말

유명한 소설이지만, 읽어본 적은 없습니다.

**유명한 소설 입니다 지만,
읽어 봤다 / 일은 있음 하지 않습니다.**

1987년 발매된 무라카미 하루키의 소설 '상실의 시대'의 일본 원제는
'노르웨이의 숲(ノルウェーの森 노루웨-노모리)'입니다.

시간 여유가 있어서, 천천히 걷고 있었다.

시간에 여유가 있어서, 천천히 걷고 있었다.

ゆっくり 육쿠리 는 '천천히', '느긋하게'라는 뜻입니다.
ごゆっくり 고육쿠리 라고 하면 '편안히 쉬세요', '푹 쉬세요'라는 관용어(인사)입니다.

남극까지 와서 뭘 연구하고 있어?

남극까지 와서 무엇을 연구하고 있다?

来る 쿠루(오다)는 응용에 따라 어간까지 바뀌기 때문에 か카 행 변격 동사라고 부릅니다.
동사의 て 테형에서는 き 키 로 변합니다.

그녀는 남자친구랑 피로연에 가서, 지금 없습니다.

그녀는 남자친구와 피로연에 갔다 / 것으로, 지금 없습니다.

일본에서 '애인(愛人 아이징)'은 '정부', '불륜 상대'라는 뜻입니다.
일반적으로는 '연인(恋人 코이비토)'이라는 표현을 씁니다.

시트 위에 필름이 있는지 봐줄래?

시트의 위에 필름이 있다 인지 봐 주다?

조사 が 가 는 '~이,가'라는 의미입니다. 하지만 か 카 는 '~인지'라는 뜻입니다.
비슷하지만 다른 용법, 다른 의미이므로 잘 구분해야 합니다.

141

1081

보쿠와 코-히- 쟈 나쿠, 오챠오 논데 이마스.

僕は コーヒーじゃ なく、お茶を 飲んで います。

1082

팃슈페-파-노 삼푸루다케 모랃테 이소이데 읻타.

ティッシュペーパーの サンプルだけ もらって 急いで 行った。

1083

푸랑오 삭세에시테 쿠립푸데 토메테 쿠레루?

プランを 作成して クリップで 留めて くれる?

1084

아타라시이 소화-토 쿳숑오 칻테 키모치가 이이.

新しい ソファーと クッションを 買って 気持ちが いい。

1085

부루존노 화스나-와 나오시테 오이타.

ブルゾンの ファスナーは 直して おいた。

이것이 한국말

저는 커피가 아니라, 차를 마시고 있습니다.

나는 커피가 아니라, 차를 마시고 있습니다.

일본에서는 음료로 차를 많이 마십니다. 가루 녹차인 '말차'가 유명하기도 합니다.
말차는 抹茶 맛챠라고 합니다.

티슈 샘플만 받고 급하게 갔다.

티슈의 샘플만 받고 급하게 갔다.

ティッシュペーパー 팃슈페-파- 는 갑 티슈를 의미합니다.
두루마리 화장지는 トイレットペーパー 토이렡토페-파- 라고 합니다.

계획을 작성해서 클립으로 고정해 줄래?

계획을 작성해서 클립으로 고정해 주다?

クリップ 쿠립푸 는 '클립'을 의미합니다.
'스테이플러'는 ホチキス 호치키스, '가위'는 ハサミ 하사미 라고 합니다.

새 소파랑 쿠션을 사서 기분이 좋다.

새롭다 / 소파와 쿠션을 사서 기분이 좋다.

気持ち 키모치 는 '기분', '마음'이라는 뜻입니다.
기분의 좋고 나쁨 뿐만 아니라, '마음이 있다'라는 표현에도 사용할 수 있습니다.

블루종의 지퍼는 고쳐 뒀다.

블루종의 지퍼는 고쳐 뒀다.

블루종(ブルゾン 부루종)은
코트(コート 코-토), 재킷(ジャケット 쟈켇토) 등으로 바꿔 쓸 수 있습니다.

1086

샤와-오 아비테 소화-니 요코니 낫타.

シャワーを 浴びて ソファーに 横に なった。

1087

이마 앗테 이루 / 히토와 오코리 야스이 / 세에카쿠다.

今 会って いる / 人は 怒り やすい / 性格だ。

1088

옹가쿠가 나가레테 이루.

音楽が 流れて いる。

1089

지분노 텐스으니 만족시테 이루.

自分の 点数に 満足して いる。

1090

쿄오쥬노 즈본노 화스나-가 히라이테 이루 / 노오 미츠케타.

教授の ズボンの ファスナーが 開いて いる / のを 見つけた。

이것이 한국말

샤워하고 소파에 누웠다.

샤워를 뒤집어쓰고 소파에 가로에 됐다.

우리는 '샤워를 한다'고 합니다. 하지만 일본어에서는 '뒤집어쓰다(浴びる 아비루)'를 써서
シャワー を 浴びる 샤와- 오 아비루 라고 합니다.

지금 만나는 사람은 쉽게 화를 내는 성격이다.

지금 만나고 있다 / 사람은 화냄 쉽다 / 성격이다.

숲う 아우 (만나다)는 시간과 장소를 정해서 만나는 것을 의미합니다.
우연히 만났을 때는 出会う 데아우 라는 표현을 씁니다.

음악이 흐르고 있다.

음악이 흐르고 있다.

流れる 나가레루 (흐르다)는 물(水 미즈)이나 피(血 치) 외에
음악(音楽 옹가쿠)이나 구름(雲 쿠모) 등과도 함께 사용할 수 있습니다.

자신의 점수에 만족하고 있다.

자신의 점수에 만족하고 있다.

우리는 점수를 '받았다'고 합니다.
하지만 일본어에서는 '점수를 따다(点数 を 取る 텐스 오 토루)'라는 표현을 사용합니다.

교수님의 바지 지퍼가 열려 있는 것을 발견했다.

교수의 바지의 지퍼가 열려 있다 / 것을 발견했다.

일본에서는 대학에서도 보통 '선생님(先生 센세에)'이라고 하고,
'교수(教授 쿄오쥬)'라는 표현은 잘 쓰지 않습니다.

145

1091

쿠우코오데 다이나마이토오 학켄시타 / 노데 싱콕시타.

空港で ダイナマイトを 発見した / ので 申告した。

1092

카레와 타이카이데 유우쇼오시테 푸로 데뷰- 시마시타.

彼は 大会で 優勝して プロ デビュー しました。

1093

홧숀 센스가 이이 / 모데루오 쇼오카이시테 쿠레루?

ファッション センスが いい / モデルを 紹介して くれる?

1094

츄우셍가 미 타이 나라, 쟘푸시테 미루 / 노와 도오?

抽選が 見たい なら、ジャンプして みる / のは どう?

1095

카노죠와 소노 쇼오죠니 도오죠오시테 시엥오 하지메타.

彼女は その 少女に 同情して 支援を 始めた。

이것이 한국말

공항에서 다이너마이트를 발견해서 신고했다.

공항에서 다이너마이트를 발견했다 / 것으로 신고했다.

공항(空港 쿠우코오)을
학교(学校 각코오)나 공원(公園 코오엥), 항구(港 미나토) 등으로 바꿔 쓸 수 있습니다.

그는 대회에서 우승해서 프로로 데뷔했습니다.

그는 대회에서 우승해서 프로 데뷔 함했습니다.

で 데 는 '~에서'나 '~으로'처럼 조사로도 사용하지만,
동사의 て 테 형으로도 폭넓게 사용됩니다.

패션 감각이 좋은 모델을 소개해 줄래?

패션 센스가 좋다 / 모델을 소개해 주다?

いい 이이 (좋다)는 응용하면 よく 요쿠로 어간이 변합니다.
いい 이이와 よく 요쿠 모두 많이 쓰는 형태이므로 잘 알아두는 게 좋습니다.

추첨이 보고 싶다면, 점프해 보는 건 어때?

추첨이 봄 하고 싶다 라면, 점프해 보다 / 것은 어떻다?

見たい 미타이 는 말 그대로 '보는 것을' 하고 싶을 때 사용합니다.
누군가가 그립거나 만나고 싶을 때는 会いたい 아이타이 라고 합니다.

그녀는 그 소녀를 동정해서 지원을 시작했다.

그녀는 그 소녀에 동정해서 지원을 시작했다.

소녀(少女 쇼오죠)는
소년(少年 쇼오넹)이나 학생(学生 각세에), 사람(人 히토) 등으로 바꿔 쓸 수 있습니다.

1096

카노죠와 키타이오 우케테 이루 / 유우슈우나 진자이데스.

彼女は 期待を 受けて いる / 優秀な 人材です。

1097

남뵤오니 키쿠 / 싱야쿠오 카이하츠시테 이루.

難病に 効く / 新薬を 開発して いる。

1098

이에마데 이쿠 / 바스가 아루카 켄삭시테 앋타.

家まで 行く / バスが あるか 検索して あった。

1099

토시니와 항카가이가 탁상 앋테 이츠모 니기야카다.

都市には 繁華街が たくさん あって いつも 賑やかだ。

1100

아타라시이 / 카메라오 츠칻테 샤싱오 톧테 이마스.

新しい / カメラを 使って 写真を 撮って います。

이것이 한국말

그녀는 기대를 받는 인재입니다.

그녀_는 기대_를 받고 있다 / 우수한 인재 입니다.

일본어로 '받다'를 受ける 우케루 혹은 もらう 모라우 라고 합니다.
受ける 우케루 는 피해나 혜택, 상황 등 '물건이 아닌 것'을 받을 때 씁니다.

난치병에 효과 있는 신약을 개발하고 있다.

난치병_에 듣다 / 신약_을 개발_{하고} 있다.

우리는 '약을 먹는다'고 합니다.
하지만, 일본에서는 '약을 마시다(薬を 飲む 쿠스리 오 노무)'라는 표현을 사용합니다.

집까지 가는 버스가 있는지 검색해 두었다.

집_{까지} 가다 / 버스_가 있다 인지 검색_{하고} 있었다.

家를 일본어로 いえ 이에 혹은 うち 우치 라고 합니다.
いえ 이에 는 실제 건물을 뜻하는 '집'을, うち 우치 는 심리적인 '우리 집'을 말합니다.

도시에는 번화가가 많아서 항상 활기차다.

도시_{에는} 번화가_가 많음 있어서 언제나 활기참 _{이다.}

일본에서는 도시(都市 토시)나 도회(都会 토카이)를 비슷하게 사용합니다.

새 카메라로 사진을 찍고 있습니다.

새롭다 / 카메라_를 써서 사진_을 찍고 있습니다.

동사의 て 테형은 중지형(~하고)으로도,
원인과 이유(~해서)로도 사용됩니다.

149

1101

소노 아파-토니 마타 잇테 나니오 스루?

その アパートに また 行って 何を する?

1102

아레루기-가 앋테 모모와 타베마셍.

アレルギーが あって 桃は 食べ ません。

1103

와타시가 타베루 / 사라다오 츠쿧테 쿠레루?

私が 食べる / サラダを 作って くれる?

1104

혼샤니 로이야루티-오 시하랃테 이루.

本社に ロイヤルティーを 支払って いる。

1105

쿠우코오 마데와 쿠루마데 읻테,
소노 아토와 히코오키니 노리마스.

空港 までは 車で 行って、その 後は 飛行機に 乗ります。

그 아파트에 또 가서 뭐해?

그 아파트에 또 가서 무엇을 하다?

일본의 アパート 아파-토 는 우리나라의 다세대 주택에 가까운 건축물입니다.
우리나라의 아파트와 비슷한 건축물은 マンション 만숑 이라고 합니다.

알레르기가 있어서 복숭아는 먹지 않습니다.

알레르기가 있어서 복숭아는 먹음 하지 않습니다.

알레르기(アレルギー 아레루기-)를 유발하는 대표적인 음식으로는
우유(牛乳 규우뉴우), 달걀(卵 타마고), 게(カニ 카니) 등이 있습니다.

내가 먹을 샐러드를 만들어 줄래?

나가 먹다 / 샐러드를 만들어 주다?

'만들다'라는 뜻의 동사 作る 츠쿠루 는
사물을 만드는 것이나 조직을 세우는 것, 요리하는 것에도 사용할 수 있습니다.

본사에 로열티를 지급하고 있다.

본사에 로열티를 지급하고 있다.

히라가나 お와 を는 둘 다 오 라고 발음하지만, 사용법은 전혀 다릅니다.
を 오는 '~을(를)'이라는 뜻의 '조사'로만 사용할 수 있습니다.

공항까지는 차로 가고, 그 뒤는 비행기를 탑니다.

공항까지는 차로 가고, 그 다음은 비행기에 탐합니다.

차(車 쿠루마)는
자동차(自動車 지도오샤)나 버스(バス 바스), 지하철(地下鉄 치카테츠)로 바꿔 쓸 수 있습니다.

1106

스이에에 가 토쿠기 데, 우미 니 요쿠 잇테 아소비 마스.

水泳が 特技で、海に よく 行って 遊びます。

1107

와타시 토 이모오토 와 렌락 시테 이마셍.

私と 妹は 連絡して いません。

1108

소노 토키, 보쿠라 모 요-롭파 니 잇테 시아이 시 마시타.

その 時、僕らも ヨーロッパに 行って 試合 しました。

1109

오레 와 삭카- 데 렏도카-도 오 모랃테, 아우토 니 낟타.

俺は サッカーで レッドカードを もらって、アウトに なった。

1110

넴마츠 노 보-나스 오 모랃테, 숍핑구 시타.

年末の ボーナスを もらって、ショッピングした。

이것이 한국말

수영이 특기로, 바다에 자주 가서 놉니다.

수영이 특기로, 바다에 자주 가서 놀음합니다.

いい 이이 는 '좋다'는 뜻 외에도,
'자주', '잘'이라는 의미도 있습니다.

나와 여동생은 연락하지 않습니다.

나와 여동생은 연락하고 있지 않습니다.

일본에서는 타인과 대화할 때, 자신의 가족을 낮춰 말합니다.
'아버지'를 집에선 お父さん 오토오상 이라고 하고, 밖에선 父 치치 라고 하는 식입니다.

그때, 우리도 유럽에 가서 시합했습니다.

그 때, 우리도 유럽에 가서 시합 함했습니다.

일본어에서는 '나'를 뜻하는 1인칭 대명사에 たち 타치 나 ら 라 를 덧붙여서
'우리'라는 표현을 만듭니다.

나는 축구에서 레드카드를 받아서 아웃이 됐다.

나는 축구에서 레드카드를 받아서, 아웃에 됐다.

우리는 '~이(가) 되다'라는 표현을 씁니다.
일본은 に なる 니 나루 라는 표현을 쓰는데, 직역하자면 '~에 되다'라는 의미입니다.

연말 보너스를 받아서 쇼핑했다.

연말의 보너스를 받아서, 쇼핑했다.

일본어로 '받다'는 受ける 우케루 혹은 もらう 모라우 를 씁니다.
もらう 모라우 는 물건이나 돈 등 구체적인 무언가를 받을 때 주로 사용합니다.

이것이 일본말

1111

메-루오 스마호데 첵쿠시테 오키마스.

メールを スマホで チェックして おきます。

1112

카제토 키이테 비타민 도링쿠오 캇테 키타.

風邪と 聞いて ビタミン ドリンクを 買って 来た。

1113

쿠라식쿠 피아노오 히이테 미타.

クラシック ピアノを 弾いて みた。

1114

츠마토 하로-와-쿠니 읻테 키타.

妻と ハローワークに 行って 来た。

1115

파소콘니 돈나 몬다이가 아루카 카쿠닌시테 쿠레루?

パソコンに どんな 問題が あるか 確認して くれる?

메일을 스마트폰으로 확인해 둡니다.

메일을 스마트폰으로 체크해 둠합니다.

スマホ 스마호 는 スマートフォン 스마-토훵 (스마트폰) 의 줄임말입니다.
스마트폰 이전의 2G 핸드폰은 携帯 케에타이 라고 합니다.

감기라고 들어서 비타민 음료수를 사 왔다.

감기라고 들어서 비타민 음료수를 사서 왔다.

일본어에서 바람(風)과 감기(風邪)는 모두 かぜ 카제 라고 발음하므로,
사용할 때 주의해야 합니다.

클래식 피아노를 쳐봤다.

클래식 피아노를 쳐 봤다.

클래식 피아노(クラシック ピアノ 쿠라식쿠 피아노)는
그랜드피아노(グランドピアノ 구란도피아노)라고도 합니다.

아내와 공공 직업 안정소에 갔다 왔다.

아내와 공공 직업 안정소에 가고 왔다.

'헬로워크(ハローワーク 하로-와-쿠)'는 일본의 공공 직업 안정소입니다.
우리나라의 '한국고용정보원'과 비슷한 곳입니다.

컴퓨터에 어떤 문제가 있는지 확인해 줄래?

컴퓨터에 어떤 문제가 있다인지 확인해 주다?

パソコン 파소콩 은
Personal computer를 일본식으로 발음한 뒤 줄인 말입니다.

1116

센세에ㄴ 아츠이 / 시셍오 무시시테 즏토 하나시타.

先生の 熱い / 視線を 無視して ずっと 話した。

1117

즏토 무리나 야칸 신료오오 시테 이루.

ずっと 無理な 夜間 診療を して いる。

1118

보쿠와 이에토 토치니 지코가 오콛타니모 카카와라 즈 나니모 시테 이나칻타.

僕は 家と 土地に 事故が 起こったにも 関わらず 何も して いなかった。

1119

카레시토 와카레타 / 리유우오 토모다치니 세츠메에시테 이타.

彼氏と 別れた / 理由を 友達に 説明して いた。

1120

옹와나 키코오노 이나카데 육쿠리 야슨데 켕코오니 낟타.

温和な 気候の 田舎で ゆっくり 休んで 健康に なった。

선생님의 뜨거운 시선을 무시하고 계속 이야기했다.

선생님의 뜨겁다 / 시선을 무시하고 계속 이야기했다.

일본어는 동음이의어가 많습니다.
예를 들어, '뜨겁다(熱い)', '덥다(暑い)', '두껍다(厚い)'를 모두 あつい 아츠이라고 읽습니다.

계속 무리한 야간 진료를 하고 있다.

계속 무리인 야간 진료를 하고 있다.

ずっと 즏토 는 '계속'이라는 뜻 외에 '훨씬'이라는 뜻도 있습니다.
'훨씬 옛날'이라는 표현도 ずっと昔 즏토무카시 라고 합니다.

나는 집과 땅에 사고가 일어나도 상관하지 않고 무엇도 하지 않았다.

나는 집과 토지에 사고가 일어났다에도 관계되지 않고 무엇도 하고 있지 않았다.

家는 いえ 이에 혹은 うち 우치 라고 합니다.
いえ 이에 에는 실제 건물과 같은 '집'이나 '집안', '가문' 등을 의미합니다.

남자친구와 헤어진 이유를 친구에게 설명하고 있었다.

남자친구와 헤어졌다 / 이유를 친구에게 설명하고 있었다.

우리는 '애인'이라는 표현을 흔히 사용하지만,
일본에서 '애인(愛人 아이징)'은 '정부', '불륜 상대'라는 의미입니다.

온화한 기후의 시골에서 푹 쉬어서 건강해졌다.

온화한 기후의 시골에서 천천히 쉬어서 건강에 됐다.

'시골'을 일본어로 田舎 이나카 라고 합니다.
'도시'는 都市 토시 혹은 都会 토카이 라고 합니다.

1121

맛치데 히오 츠케테 오키마시타.

マッチで 火を つけて おきました。

1122

칸탄니 쇼리스루 코토오 미테
칸로쿠와 다이지나 모노다 토 키즈이타.

簡単に 処理する ことを 見て 貫禄は 大事な ものだ と 気づいた。

1123

이벤토데 모랕타 아이롱오 미세테 쿠레마셍카?

イベントで もらった アイロンを 見せて くれませんか?

1124

세-타-오 키테 엥게키오 미니 읻타.

セーターを 着て 演劇を 見に 行った。

1125

아노 후타리와 나카요시다 토 시라레테 이루.

あの 二人は 仲良しだ と 知られて いる。

이것이 한국말

성냥으로 불을 붙여뒀습니다.

성냥으로 불을 붙여 둠했습니다.

일본어 조사 で 데는 장소, 이유, 수단 등 다양한 표현에 사용되는 조사입니다.
'~에서', '~으로' 등으로 해석됩니다.

간단히 처리하는 걸 보고 관록은 중요한 것이라고 깨달았다.

간단에 처리하다 / 일을 보고
관록은 중요한 것이다 라고 깨달았다.

일본어 大事는 だいじ 다이지 혹은 おおごと 오오고토 라고 합니다.
だいじ 다이지는 '소중함', '중요함'을, おおごと 오오고토는 '중대사'를 의미합니다.

이벤트로 받은 다리미를 보여주시지 않겠습니까?

이벤트로 받았다 / 다리미를 보여 주지 않습니까?

アイロン 아이롱은 원래 '다리미'라는 뜻이지만,
젊은 층에서는 '고데기'를 뜻하기도 합니다.

스웨터를 입고 연극을 보러 갔다.

스웨터를 입고 연극을 봄에 갔다.

연극(演劇 엥게키)은
가부키(歌舞伎 카부키), 영화(映画 에에가) 등으로 바꿔 쓸 수 있습니다.

저 두 사람은 사이가 좋다고 알려져 있다.

저 두 사람은 사이 좋음이다 라고 알려져 있다.

仲 나카는 '사이'라는 뜻입니다. '사이가 좋다'나 '사이가 나쁘다'라는 표현 외에
'부부 사이', '친구 사이'라는 표현으로도 쓰입니다.

1126

소노 케에약쇼와 와타시가 쥬우이시테 욘데 사인시타.

その 契約書は 私が 注意して 読んで サインした。

1127

코노 쥬우타쿠와 와타시가 쿄오바이데 칻테 이마마데 슨데 이루.

この 住宅は 私が 競売で 買って 今まで 住んで いる。

1128

에에고노 잣시오 칻테 욘다.

英語の 雑誌を 買って 読んだ。

1129

세카이노 도코니모 나이 / 바쇼토 오몯테 이마시타.

世界の どこにも ない / 場所と 思って いました。

1130

카레와 시카쿠노 나이 / 히토다 토 싵테 이마스.

彼は 資格の ない / 人だと 知って います。

이것이 한국말

그 계약서는 내가 주의해서 읽고 사인했다.

그 계약서는 나가 주의해서 읽고 사인했다.

우리말과 달리 일본어는 1인칭 대명사가 아주 다양합니다.
私 와타시 는 그중에서도 가장 무난하게 어디에서나 사용할 수 있는 '나'입니다.

이 주택은 내가 경매로 사서 지금까지 살고 있다.

이 주택은 나가 경매로 사서 지금까지 살고 있다.

住む 스무 는 '거처하다', '거주하다'라는 뉘앙스의 '살다'입니다.
비슷한 단어인 暮す 쿠라스 는 생계를 꾸린다는 뉘앙스의 '살다'입니다.

영어 잡지를 사서 읽었다.

영어의 잡지를 사서 읽었다.

영어(英語 에에고)는 한국어(韓國語 캉코쿠고), 중국어(中國語 츄우고쿠고),
스페인어(スペイン語 스페엥고) 등으로 바꿔 쓸 수 있습니다.

세계 어디에도 없는 장소라고 생각하고 있었습니다.

세계의 어디에도 없다 / 장소라고 생각하고 있었습니다.

일본어의 부정 표현인 ない 나이 는
'없다'와 '아니다' 둘 다에 사용할 수 있습니다.

그는 자격이 없는 사람이라고 알고 있습니다.

그는 자격의 없다 / 사람 이다 라고 알고 있습니다.

と 토 는 '~와(과)'라는 '조사'뿐만 아니라,
전언 표현이나 가정 표현으로도 사용할 수 있습니다.

161

-첫날부터 잘한다-

1 ~해 두다.

2 ~해 두었다.

3 ~해 둡니다.

4 ~해 두었습니다.

5 ~해 두지 않다.

6 ~해 두지 않았다.

7 ~해 두지 않습니다.

8 ~해 두지 않았습니다.

앞으로 소개할 8문형 미리 보기

1. 시메 테 오쿠.
   閉めて おく。 닫아 두다.

2. 시메 테 오이타.
   閉めて おいた。 닫아 두었다.

3. 시메 테 오키마스.
   閉めて おきます。 닫아 둡니다.

4. 시메 테 오키마시타.
   閉めて おきました。 닫아 두었습니다.

5. 시메 테 오카 나이.
   閉めて おか ない。 닫아 두지 않다.

6. 시메 테 오카 나칻타.
   閉めて おか なかった。 닫아 두지 않았다.

7. 시메 테 오키 마셍.
   閉めて おき ません。 닫아 두지 않습니다.

8. 시메 테 오키 마센 데시타.
   閉めて おき ません でした。 닫아 두지 않았습니다.

Tip

오쿠 置く 는 '두다', '놓다'라는 뜻의 1그룹 동사입니다. 그런데, 동사의 **테** て 형과 조합되면, '~해 두다'라는 뜻이 됩니다. 어떤 행동을 해서 완료해 두었다는 뉘앙스입니다.
이때는 한자를 쓰지 않고, 히라가나로만 **오쿠** おく 라고 씁니다.

     : 문 앞에 **두다**

    : 문을 닫아 **두다**

앞으로 소개할 8문형 미리 보기

1 카 이테 오쿠.
書 いて おく。 써두다.

2 카 이테 오이타.
書 いて おいた。 써두었다.

3 카 이테 오키마스.
書 いて おきます。 써둡니다.

4 카 이테 오키마시타.
書 いて おきました。 써두었습니다.

5 카 이테 오카 나이.
書 いて おか ない。 써두지 않다.

6 카 이테 오카 나캍타.
書 いて おか なかった。 써두지 않았다.

7 카 이테 오키 마셍.
書 いて おき ません。 써두지 않습니다.

8 카 이테 오키 마셍 데시타.
書 いて おき ません でした。 써두지 않았습니다.

Tip

동사의 **테**て형 + **오쿠**おく 문형을 응용할 때는 **오쿠**おく를 활용하는데, 활용법은 1그룹 동사의 기본 응용법과 같습니다.

言って	おいた	読んで	おきません
잍테	오이타	욘데	오키 마셍
말해	두었다	읽어	두지 않습니다

앞으로 소개할 8문형 미리 보기

1. **시 테 오쿠.**
   して おく。 해**두다**.

2. **시 테 오이타.**
   して おいた。 해**두었다**.

3. **시 테 오키마스.**
   して おきます。 해**둡니다**.

4. **시 테 오키마시타.**
   して おきました。 해**두었습니다**.

5. **시 테 오카 나이.**
   して おか ない。 해**두지 않다**.

6. **시 테 오카 나칻타.**
   して おか なかった。 해**두지 않았다**.

7. **시 테 오키 마셍.**
   して おき ません。 해**두지 않습니다**.

8. **시 테 오키 마셴 데시타.**
   して おき ません でした。 해**두지 않았습니다**.

Tip

동사의 **테**て형 + **오쿠**おく의 부정형은 2가지 방법으로 만들 수 있습니다.

첫 번째는 **오쿠**おく를 부정형으로 만드는 것이고,

두 번째는 동사의 **테**て형을 부정형으로 만드는 것입니다.

1131

메-루 아도레스오 츠쿳테 오이타.

メール アドレスを 作って おいた。

1132

테-부루노 우에니 보-루펭오 오이테 오키마시타.

テーブルの 上に ボールペンを 置いて おきました。

1133

네쿠타이토 스-츠케-스오 캇테 오키마셍 데시타.

ネクタイと スーツケースを 買って おきません でした。

1134

가이코쿠진노 타메노 안나이죠오 츠쿳테 오키마시타.

外国人の ための 案内所を 作って おきました。

1135

아타라시이 / 나이후토 휘-쿠와 츄우몬시테 오이타?

新しい / ナイフと フォークは 注文して おいた?

이것이 한국말

메일 주소를 만들어 뒀다.

메일 주소를 만들어 뒀다.

휴대전화 문자 메시지를
일본에서는 **携帯メール** 케에타이메-루 라고 합니다.

테이블 위에 볼펜을 놓아두었습니다.

테이블의 위에 볼펜을 놓아 둠 했습니다.

일본어로 '아래'는 下 시타 라고 합니다.
'위'는 上 우에, '왼쪽'은 左 히다리, '오른쪽'은 右 미기 라고 합니다.

넥타이랑 슈트케이스를 사두지 않았습니다.

넥타이와 슈트케이스를 사 둠 하지 않습니다 였습니다.

슈트케이스(スーツケース 스-츠케-스)는
우리가 알고 있는 바퀴 달린 가방, 여행용 캐리어를 말합니다.

외국인을 위한 안내소를 만들어뒀습니다.

외국인의 위함의 안내소를 만들어 둠 했습니다.

우리말에서는 '~을(를) 위해'라고 합니다.
하지만 일본어에서는 のため 노 타메 (~의 위해)라는 표현을 씁니다.

새 나이프와 포크는 주문했어?

새롭다 / 나이프와 포크는 주문해 뒀다?

일본어의 형용사는 'い 이 형용사'와 'な 나 형용사'로 나뉩니다.
い 이 형용사는 마지막 글자 い 이 뒤에 명사를 연결합니다.

1136

보-루펜노 스푸링구데 나니오 핫샤시테 이타?

ボールペンの スプリングで 何を 発射して いた?

1137

세에카츠히가 제로니 낟테 코마리마스.

生活費が ゼロに なって 困ります。

1138

캭칸테키니 요오야쿠 데키루 요오니 로오료쿠 카케테 이루.

客観的に 要約 できる ように 労力 かけて いる。

1139

소노 후우후가 리콘시타 리유우오 키이테 혼토오니 오도로이타.

その 夫婦が 離婚した 理由を 聞いて 本当に 驚いた。

1140

리-구 사이다이노 라이바루셍가 이마 오코나와레테 이루.

リーグ 最大の ライバル戦が 今 行われて いる。

이것이 한국말

볼펜 스프링으로 무엇을 발사하고 있었어?

볼펜의 스프링으로 무엇을 발사하고 있었다?

일본어로 '연필'은 鉛筆 엠피츠, '샤프'는 シャーペン 샤-펭,
'펜'은 ペン 펭, '지우개'는 消しゴム 케시고무 라고 합니다.

생활비가 다 떨어져서 곤란합니다.

생활비가 제로에 돼서 곤란합니다.

일본어로 숫자 '0'은 ゼロ 제로 혹은 零 레에라고 합니다.

객관적으로 요약할 수 있도록 노력하고 있다.

객관적에 요약 할 수 있다 듯에 노력 걸고 있다.

できる 데키루 는 '할 수 있다', '가능하다'라는 뜻인데,
'(일이나 무언가가) 생기다'라는 뜻도 있습니다.

그 부부가 헤어진 이유를 듣고 정말 놀랐다.

그 부부가 이혼했다 / 이유를 듣고 정말에 놀랐다.

聞く 키쿠 는 원래 '듣다'라는 뜻의 동사지만, '묻다', '질문하다'라는 의미도 있습니다.

리그 최대의 라이벌전이 지금 열리고 있다.

리그 최대의 라이벌전이 지금 열리고 있다.

일본어 문장에서 行이 보이면 뒤를 잘 봐야 합니다.
行く 이쿠 는 '가다'라는 뜻이지만, 行う 오코나우 는 '(의식을) 행하다'라는 뜻이기 때문입니다.

이것이 일본말

1141

푸랑오 츄우시시테 호오콕쇼오 카키마시타.

プランを 中止して 報告書を 書きました。

1142

톤네루데 타이야노 팡쿠 지코가 오키테 코맏타.

トンネルで タイヤの パンク 事故が 起きて 困った。

1143

시뮤레-숀노 사이 에라-오 학켄시테 슈우세에시타.

シミュレーションの 際 エラーを 発見して 修正した。

1144

모쿠요오비와 미-팅구오 캰세루시테 장교오시타.

木曜日は ミーティングを キャンセルして 残業した。

1145

캼파스데 쟝쿠후-도노 함바이와 킨시사레테 이루.

キャンパスで ジャンクフードの 販売は 禁止 されて いる。

*이것이 한국말

계획을 중지하고 보고서를 썼습니다.

계획을 중지하고 보고서를 씀했습니다.

일본 회사에서 가장 강조하는 것 중 하나인 報連相 호오렌소오 는
보고(報告 호오코쿠), 연락(連絡 렌라쿠), 상담(相談 소오당)을 말합니다.

터널에서 타이어 펑크 사고가 나서 곤란했다.

터널에서 타이어의 펑크 사고가 일어나서 곤란했다.

이 문장에서 '곤란했다(困った 코맏타)'는
'큰일이었다(大変だった 타이헨닫타)'나 '놀랐다(驚いた 오도로이타)'로 바꿔 쓸 수 있습니다.

시뮬레이션 때 에러를 발견해서 수정했다.

시뮬레이션의 때 에러를 발견해서 수정했다.

'수정했다(修正した 슈우세에시타)'는 명사에 する 스루 가 연결된 표현입니다.
直した 나오시타 라고 쓸 수도 있습니다.

목요일은 미팅을 취소하고 야근했다.

목요일은 미팅을 취소하고 잔업했다.

일본에서 '야근(夜勤 야킹)'이란 '야간에 근무하는 것'을 의미합니다.

캠퍼스에서 정크푸드 판매는 금지돼 있다.

캠퍼스에서 정크푸드의 판매는 금지 되어 있다.

이 문장의 정크푸드(ジャンクフード 쟝쿠후-도)는
담배(タバコ 타바코), 술(酒 사케) 등으로 바꿔 쓸 수 있습니다.

1146

콘토로-루가 니가테데 게-무와 아마리 시마셍.

コントロールが 苦手で ゲームは あまり しません。

1147

미라이니와 우츄우 료코오모 데키테, 츠키데 스메루 카모 시레마셍.

未来には 宇宙 旅行も できて、月で 住める かも しれません。

1148

인슈운텡와 젠타이니 시테와 이케마셍.

飲酒運転は 絶対に しては いけません。

1149

사이킹와 코노 삭카노 쇼오세츠오 욘데 이루.

最近は この 作家の 小説を 読んで いる。

1150

코노 마라송와 도오부츠엔노 마와리오 하시루토 키이테 상카시테 미타.

この マラソンは 動物園の 周りを 走ると 聞いて 参加して みた。

이것이 한국말

컨트롤이 서툴러서 게임은 그다지 하지 않습니다.

컨트롤이 서툼으로 게임은 그다지 함 하지 않습니다.

苦手 니가테 는 주관적으로 서툴거나 곤란한 것을 표현할 때 쓰는 '서툴다'입니다.
객관적으로 평가가 가능할 때는 下手 헤타라는 표현을 씁니다.

미래에는 우주여행도 할 수 있고, 달에서 살 수 있을지도 모릅니다.

미래에는 우주 여행도 할 수 있고, 달에서 살 수 있다 일지도 알 수 없습니다.

かもしれない 카모시레나이 는 '~일지도 모른다'라는 뜻입니다.
일상 회화에서는 짧게 かも 카모 로 줄여 말하기도 합니다.

음주운전은 절대로 하면 안 됩니다.

음주운전은 절대에 해서는 안 됩니다.

이 문장에서 음주운전(飮酒運轉 인슈운텡)은
도둑질(盜み 누스미)이나 살인(殺人 사츠징)으로 바꿔 쓸 수 있습니다.

최근에는 이 작가의 소설을 읽고 있다.

최근은 이 작가의 소설을 읽고 있다.

노벨 문학상을 받은 일본 작가는 2명입니다.
'카와바타 야스나리(川端 康成, 1968년)'와 '오오에 켄자부로(大江 健三郎, 1994년)'입니다.

이 마라톤은 동물원 주변을 달린다고 들어서 참가해봤다.

이 마라톤은 동물원의 주변을 달리다라고 들어서 참가해 봤다.

동물원(動物園 도오부츠엥)은
식물원(植物園 쇼쿠부츠엥)이나 역 앞(駅前 에키마에) 등으로 바꿔 쓸 수 있습니다.

1151

도라이아이스 데 직켕 오 시테 미타.

ドライアイスで 実験を して みた。

1152

이이 / 아도바이스 오 탁상 키이테 스람푸 카라 닷시타.

いい / アドバイスを たくさん 聞いて スランプから 脱した。

1153

아노 코-루마네- 노 코-루레-토 와 이쿠라 데 카이테 아루?

あの コールマネーの コールレートは いくらで 書いて ある?

1154

콘도 노 직켕 와 다이세에코오 다 토 칵신 시테 이루.

今度の 実験は 大成功だと 確信して いる。

1155

직켄 노 사키, 츄우이지코오 오 챤토 욘데 오키 마시타카?

実験の 先、注意事項を ちゃんと 読んで おきましたか?

이것이 한국말

드라이아이스로 실험을 해봤다.

드라이아이스로 실험을 해 봤다.

드라이아이스(ドライアイス 도라이아이스)는
백합(ユリ 유리)이나 개구리(カエル 카에루) 등으로 바꿔 쓸 수 있습니다.

좋은 조언을 많이 듣고 슬럼프에서 벗어났다.

좋다 / 조언을 많음 듣고 슬럼프부터 벗어났다.

'좋다'는 뜻의 いい형용사 いい이이는 어미가 く 쿠로 변하면,
어간도 い이에서 よ 요로 바뀝니다.

저 콜머니의 금리는 얼마라고 쓰여 있어?

저 콜머니의 금리는 얼마라고 쓰고 있다?

いくら 이쿠라 는 '얼마'라는 뜻입니다.
양을 물어볼 때도 쓰지만, 가격을 물어보기 위해 가장 흔히 사용합니다.

이번 실험은 대성공일 거라 확신하고 있다.

이번의 실험은 대성공이다 라고 확신하고 있다.

대성공(大成功 다이세에코오)은
성공(成功 세에코오)이나 실패(失敗 십파이), 대실패(大失敗 다이십파이)로 바꿔 쓸 수 있습니다.

실험 전에 주의사항 제대로 읽어보셨나요?

실험의 앞, 주의사항을 확실하게 읽어 둠 했습니까?

先 사키 는 '앞', '먼저'라는 뜻입니다.
이 문장에서는 비슷한 의미를 가진 前 마에(앞, 먼저)로 바꿔 쓸 수 있습니다.

1156

아나타가 에란데 오이타 / 규우뉴우와 난데스카?

あなたが 選んで おいた / 牛乳は 何ですか?

1157

코노 다무와 산 넴 마에카라 켄세츠 츄우다.

この ダムは 3年 前から 建設中だ。

1158

이모오토와 테레비모 미나이데 슈쿠다이오 시테 이타.

妹は テレビも 見ないで 宿題を して いた。

1159

세에후노 스파이쟈 나이토 잍테 타스칻타.

政府の スパイじゃ ないと 言って 助かった。

1160

오나지 야큐우 치-무니 카뉴우시테 카츠도오시타.

同じ 野球 チームに 加入して 活動した。

이것이 한국말

당신이 골라둔 우유는 무엇입니까?

당신이 골라 뒀다 / 우유는 무엇입니까?

우유(牛乳 규우뉴우)는
간장(醬油 쇼오유)이나 주스(ジュース 쥬-스) 등으로 바꿔 쓸 수 있습니다.

이 댐은 3년 전부터 건설하고 있다.

이 댐은 3년 전부터 건설 중이다.

일본어에서 年은 ねん 넹이나 とし 토시로 읽는데,
ねん 넹은 '몇 년', '몇 년도'라고 할 때 주로 쓰입니다.

여동생은 TV도 보지 않고 숙제를 하고 있었다.

여동생은 TV도 봄 않고 숙제를 하고 있었다.

일본어에서 '동생'은 '여동생(妹 이모오토)'과 '남동생(弟 오토오토)'으로 구분되어 있습니다.
성별과 무관하게 쓸 수 있는 '동생'이란 단어는 없습니다.

정부의 간첩이 아니라고 말해서 살았다.

정부의 간첩이 아니다라고 말해서 살았다.

と 토는 '~와(과)'라는 '조사'뿐만 아니라,
전언 표현이나 가정 표현으로도 사용할 수 있습니다.

같은 야구팀에 가입해서 활동했다.

같음 야구 팀에 가입해서 활동했다.

야구(野球 야큐우)는 배구(バレーボール 바레-보-루)나
농구(バスケットボール 바스켄토보-루) 등으로 바꿔 쓸 수 있습니다.

1161

챔피옹가 탄죠오스루 / 스가타오 미테 이마시타.

チャンピオンが 誕生する / 姿を 見て いました。

1162

칸탄나 몬다이가 탁상 앗테 유단시타.

簡単な 問題が たくさん あって 油断した。

1163

카노죠와 칸로쿠노 아루 / 쿄오시다 카라 신지테 이마스.

彼女は 貫禄の ある / 教師 だから 信じて います。

1164

셈몽카니 소오당오 우케테 마스마스 요쿠 낫테 이루.

専門家に 相談を 受けて ますます 良く なって いる。

1165

세에후노 타이도니 하라가 탇테 가만 데키마셍.

政府の 態度に 腹が 立って 我慢 できません。

이것이 한국말

챔피언이 탄생하는 모습을 보고 있었습니다.

챔피언이 탄생하다 / 모습을 보고 있었습니다.

姿 스가타 는 '모습'뿐만 아니라, 차림새나 행동거지도 포함하는 말입니다.
예를 들어, **女姿** 온나스가타 라고 하면 여성스러운 차림새나 행동을 말합니다.

간단한 문제가 많이 있어서 방심했다.

간단한 문제가 많음 있어서 방심했다.

우리말 '방심'은 한자로 '마음을 놓는다(放心)'고 합니다.
일본어는 油斷 유단 이라고 하는데, '방심', '부주의'라는 뜻입니다.

그녀는 관록 있는 교사니까 믿고 있습니다.

그녀는 관록의 있다 / 교사 다 니까 믿고 있습니다.

일본어에서는 '있다'를 ある 아루 혹은 いる 이루라고 합니다.
ある 아루 는 사물이나 식물, 추상적인 것이 있다고 할 때 사용합니다.

전문가에게 상담을 받아서 점점 좋아지고 있다.

전문가에게 상담을 받아서 점점 좋게 되고 있다.

ますます 마스마스 는 '점점', '더욱'이라는 뜻입니다.
まずまず 마즈마즈 는 비슷하게 생겼지만 '그럭저럭', '우선'이라는 뜻입니다.

정부의 태도에 화가 나서 참을 수 없습니다.

정부의 태도에 배가 서서 참음 할 수 없습니다.

'화가 나다'의 일본어 관용 표현으로는
腹が立つ 하라 가 타츠 와 頭にくる 아타 니 쿠루 가 있습니다.

1166

타이시칸노 뎅와 방고오와 오보에테 이타.

大使館の 電話 番号は 覚えて いた。

1167

죠슈토 다-츠오 시테 이마시타.

助手と ダーツを して いました。

1168

테키스토데 에라-오 학켄시타 / 노데 나오시테 이마시타.

テキストで エラーを 発見した / ので 直して いました。

1169

캄부노 신라이오 에테 쇼오신스루.

幹部の 信頼を 得て 昇進する。

1170

뎅와 방고오오 카에테 렌라쿠가 데키나캇타.

電話 番号を 変えて 連絡が できなかった。

대사관의 전화번호는 외우고 있었다.

대사관의 전화 번호는 외우고 있었다.

覚える 오보에루는 '외우다', '기억하다', '배우다'라는 뜻입니다.
감정이나 추위, 더위를 '느끼다'라는 뜻도 있습니다.

조수와 다트를 하고 있었습니다.

조수와 다트를 하고 있었습니다.

다트(ダーツ 다-츠)는
게임(ゲーム 게-무), 가루타(カルタ 카루타), 장기(将棋 쇼오기) 등으로 바꿔 쓸 수 있습니다.

텍스트에서 에러를 발견해서 고치고 있었습니다.

텍스트에서 에러를 발견했다 / 것으로 고치고 있었습니다.

'발견했다(発見した 학켄시타)'는 명사에 する 스루 (하다)가 붙은 형태입니다.
같은 뜻의 동사 見つけた 미츠케타 로 바꿔 쓸 수 있습니다.

간부의 신뢰를 얻어서 승진하다.

간부의 신뢰를 얻어서 승진하다.

이 문장에서 간부(幹部 캄부)는
보스(ボス 보스)나 사장(社長 샤쵸오) 등으로 바꿔 쓸 수 있습니다.

전화번호를 바꿔서 연락할 수 없었다.

전화 번호를 바꿔서 연락이 할 수 없었다.

일본어 동사 できる 데키루 는 '할 수 있다', '가능하다'라는 뜻인데,
'(일이나 무언가가) 생기다'라는 뜻도 있습니다.

이것이 일본말

1171

미라이 니와 타이무토라베루 모 데키루 토 오못테 이마스.

未来には タイムトラベルも できると 思って います。

1172

펭긴 노 도큐멘타리- 오 미테 이타.

ペンギンの ドキュメンタリーを 見て いた。

1173

츠마 다케 칸쟈 노 캄뵤오 오 시테 이마스.

妻だけ 患者の 看病を して います。

1174

셈파이 가 쇼오카이 시테 쿠레타 히토 토 엥게키 오 미타.

先輩が 紹介して くれた 人と 演劇を 見た。

1175

약쿄쿠 노 우시로 니 아루 톤네루 마데 잇테 나니 오 시타?

薬局の 後ろに ある トンネルまで 行って 何を した?

이것이 한국말

미래에는 시간여행도 할 수 있을 거라 생각하고 있습니다.

미래에는 시간여행도 할 수 있다라고 생각하고 있습니다.

タイムトラベル 타이무토라베루 는 영어 단어인 time travel을 일본식으로 읽은 것입니다.
'시간여행'은 時間旅行 지칸료코오 라고 합니다.

펭귄 다큐멘터리를 보고 있었다.

펭귄의 다큐멘터리를 보고 있었다.

펭귄(ペンギン 펭깅)은
고릴라(ゴリラ 고리라)나 하마(河馬 카바), 여우(狐 키츠네) 등으로 바꿔 쓸 수 있습니다.

아내만 환자의 병간호를 하고 있습니다.

아내만 환자의 병간호를 하고 있습니다.

だけ 다케 는 '~만', '~뿐'이라는 뜻으로, 영어의 only와 같은 의미입니다.
A だけ 라고 하면, A 외에는 아무것도 없다는 것을 의미합니다.

선배가 소개해 준 사람과 연극을 봤다.

선배가 소개해 줬다 / 사람과 연극을 봤다.

선배(先輩 셈파이)는
상사(上司 죠오시)나 친구(友達 토모다치) 등으로 바꿔 쓸 수 있습니다.

약국 뒤에 있는 터널까지 가서 뭐했어?

약국의 뒤에 있다 / 터널까지 가서 무엇을 했다?

일본어에서 後ろ 우시로 는 '뒤', '뒤쪽'이라는 뜻으로, 방향의 '뒤'를 의미합니다.
後 아토 는 순서상의 '다음', '뒤'라는 뜻입니다.

1176

다이나마이토가 바쿠하츠 시테 탁산노 히토가 신다.

ダイナマイトが 爆発して たくさんの 人が 死んだ。

1177

도-나츠오 카케테 체스오 시테 이루.

ドーナツを 賭けて チェスを して いる。

1178

와타시와 모데루 토시테노 카노죠오 츄우목 시테 이마스.

私は モデルとしての 彼女を 注目して います。

1179

카레와 소오리토 인타뷰-오 시테 이루.

彼は 総理と インタビューを して いる。

1180

콘사-토모 잇테, DVD모 캇타.

コンサートも 行って、DVDも 買った。

다이너마이트가 폭발해서 많은 사람이 죽었다.

다이너마이트가 폭발해서 많음의 사람이 죽었다.

우리는 '죽다'와 '돌아가시다'를 구분해서 사용합니다.
일본도 마찬가지로, 死ぬ 시누 (죽다)와 亡くなる 나쿠나루 (돌아가시다)를 구분해서 사용합니다.

도넛을 걸고 체스를 하고 있다.

도넛을 걸고 체스를 하고 있다.

도넛(ドーナツ 도-나츠)은
햄버거(ハンバーガー 함바-가-)나 상금(賞金 쇼오킹) 등으로 바꿔 쓸 수 있습니다.

저는 모델로서의 그녀를 주목하고 있습니다.

나는 모델로서의 그녀를 주목하고 있습니다.

모델(モデル 모데루)은
탤런트(タレント 타렌토), 가수(歌手 카슈) 등으로 바꿔 쓸 수 있습니다.

그는 총리와 인터뷰를 하고 있다.

그는 총리와 인터뷰를 하고 있다.

우리나라는 행정 수반이 '대통령'인 대통령제입니다.
일본은 입헌군주제와 의원내각제를 채택하고 있습니다.

콘서트도 가고, DVD도 샀다.

콘서트도 가고, DVD도 샀다.

일본어 조사 も 모는 원래 '~도'라는 뜻입니다.
하지만, 숫자의 뒤에 오면 '~이나'라는 강조의 의미로 사용됩니다.

1181

카레 와 이츠모 료쿠챠 오 츄우몬 시테 논다.

彼は いつも 緑茶を 注文して 飲んだ。

1182

바구 니 소나에테 챤토 데-타 오 박쿠압푸 시테 오이타.

バグに 備えて ちゃんと データを バックアップして おいた。

1183

치-즈바-가- 오 츄우몬 시테 오이타.

チーズバーガーを 注文して おいた。

1184

직켄 노 토키 비-카- 오 요쿠 칸사츠 시테 오카 나칻타.

実験の 時 ビーカーを よく 観察して おか なかった。

1185

보쿠 와 탕고 오 메모 시테 오카 나칻타.

僕は 単語を メモして おか なかった。

그는 언제나 녹차를 주문해서 마셨다.

그는 언제나 녹차를 주문해서 마셨다.

일본은 차 문화가 발달해 있습니다.
일본 차로는 가루 녹차인 말차가 유명합니다. 말차는 抹茶 맛차라고 합니다.

버그에 대비해서 확실히 데이터를 백업해뒀다.

버그에 대비해서 확실히 데이터를 백업해 뒀다.

ちゃんと 찬토 는 '확실히', '정확하게'라는 뜻입니다.
비슷한 의미로는 きちんと 키친토 (정확히, 단정히) 라는 표현이 있습니다.

치즈버거를 주문했다.

치즈버거를 주문해 뒀다.

치즈버거(チーズバーガー 치-즈바-가-)는
치킨버거(チキンバーガー 치킴바-가-), 새우버거(エビバーガー 에비바-가-)로 바꿔 쓸 수 있습니다.

실험할 때 비커를 잘 관찰해두지 않았다.

실험의 때 비커를 잘 관찰해 두지 않았다.

時는 とき 토키 혹은 じ 지라고 읽습니다.
'~때'라는 의미로 쓸 땐 とき 토키, '~시'라는 의미로 쓸 땐 じ 지라고 발음합니다.

나는 단어를 메모해 두지 않았다.

나는 단어를 메모해 두지 않았다.

일본어는 1인칭 대명사가 私 와타시, 僕 보쿠, 俺 오레 등 다양합니다.
그래서 성별이나 상황에 따라 잘 골라서 써야 합니다.

이것이 일본말

1186

『샤-록쿠』와 모쿠요오비니 호오소오 시테 이마스.

『シャーロック』は 木曜日に 放送して います。

1187

소노 레스링구 센슈오 타이호시테 소오사 시마시타.

その レスリング 選手を 逮捕して 捜査 しました。

1188

가-도레-루토 쿠레-엥가 쇼오토츠시테 산 닝가 케가시타.

ガードレールと クレーンが 衝突して 3人が 怪我した。

1189

키혼테키나 코뮤니케-숑카라 벵쿄오시테 이마스.

基本的な コミュニケーションから 勉強して います。

1190

타스으케츠데 토오센샤오 키메테 이루.

多数決で 当選者を 決めて いる。

『셜록』은 목요일에 방송하고 있습니다.

『셜록』은 목요일에 방송하고 있습니다.

'금요일'은 金曜日 킹요오비, '토요일'은 土曜日 도요오비,
'일요일'은 日曜日 니치요오비 라고 합니다.

그 레슬링 선수를 체포해서 수사했습니다.

그 레슬링 선수를 체포해서 수사 함했습니다.

레슬링(レスリング 레스링구)은
복싱(ボクシング 복싱구), 무에타이(ムエタイ 무에타이) 등으로 바꿔 쓸 수 있습니다.

가드레일과 크레인이 충돌해서 3명이 다쳤다.

가드레일과 크레인이 충돌해서 3 명이 부상했다.

일본어로 '1명'은 一人 히토리, '2명'은 二人 후타리 라고 합니다.
3명부터는 기수로 셉니다.

기본적인 커뮤니케이션부터 공부하고 있습니다.

기본적인 커뮤니케이션부터 공부하고 있습니다.

일본어로 '공부'는 勉強 벵쿄오 라고 합니다.
우리말 '공부'와 한자가 같은 工夫 쿠후우는 '궁리', '연구'라는 뜻입니다.

다수결로 당선자를 정하고 있다.

다수결로 당선자를 정하고 있다.

일본의 투표 방법은 우리나라와 다릅니다.
투표용지에 지지하는 후보자의 이름을 직접 적는 '자서식 투표제'를 시행하고 있습니다.

1191

토렛킹구오 시테 아토와 나니오 스루?

トレッキングを して 後は 何を する?

1192

케에상키오 츠칻테 스으가쿠 몬다이오 토이타.

計算機を 使って 数学 問題を 解いた。

1193

이로이로나 카구오 히카쿠데키루 / 사이토데 벹도오 사가시테 이타.

色々な 家具を 比較できる / サイトで ベッドを 探して いた。

1194

무료오데 망가오 미루 / 사이토오 싣테 이루?

無料で 漫画を 見る / サイトを 知って いる?

1195

훠루테와 가쿠후니 에후데 효오지스루.

フォルテは 楽譜に fで 表示する。

이것이 한국말

트레킹 하고 다음은 뭘 하지?

트레킹을 하고 다음은 무엇을 하다?

일본어로 '등산'은 登山 토장 혹은 山登り 야마노보리 라고 합니다.
登山 토장 은 장비를 갖추고 하는 전문적 등산, 山登り 야마노보리 는 가벼운 등산입니다.

계산기를 써서 수학 문제를 풀었다.

계산기를 써서 수학 문제를 풀었다.

답이 맞았을 때, 우리는 '바른 답'이라는 뜻의 정답(正答)이라고 씁니다.
일본은 正解 세에카이 라고 하는데, '바른 풀이'라는 뜻입니다.

여러 가지 가구를 비교할 수 있는 사이트에서 침대를 찾고 있었다.

여러 가지 가구를 비교할 수 있다 / 사이트에서 침대를 찾고 있었다.

침대(ベッド 벤도)는
소파(ソファー 소화-), 테이블(テーブル 테-부루), 책상(机 츠쿠에) 등으로 바꿔 쓸 수 있습니다.

무료로 만화를 보는 사이트 알아?

무료로 만화를 보다 / 사이트를 알고 있다?

일본어로 '만화'는 漫画 망가, '소설'은 小説 쇼오세츠, '영화'는 映画 에에가 라고 합니다.

포르테는 악보에 f로 표시한다.

포르테는 악보에 f로 표시하다.

'포르티시모'는 フォルティッシモ 훠루팃시모,
'메조포르테'는 メゾフォルテ 메조훠루테 라고 합니다.

1196

소노 카슈노 아타라시이 / 아루바무가
이츠 합표오 사레루카 싣테 이루?

その 歌手の 新しい / アルバムが いつ 発表 されるか 知って いる?

1197

쥬교오 츄우니 스마호오 츠카우 / 각세에오 미테 시칻타.

授業 中に スマホを 使う / 学生を 見て 叱った。

1198

캉케에가 와루쿠 낟테, 리콘모 캉가에테 이마스.

関係が 悪く なって、離婚も 考えて います。

1199

보쿠노 시츠몽와 즏토 무시시테 이루.

僕の 質問は ずっと 無視して いる。

1200

캄뵤오니 츠이테 나얀데 이루.

看病に ついて 悩んで いる。

그 가수의 새 앨범이 언제 발표되는지 알고 있어?

그 가수의 새롭다 / 앨범이 언제 발표 되다인지 알고 있다?

いつ 이츠 는 '언제'라는 뜻입니다.
뒤에 も 모를 붙여서 いつも 이츠모 라고 하면 '언제나', '늘'이라는 뜻이 됩니다.

수업 중에 스마트폰을 쓰는 학생을 혼냈다.

수업 중에 스마트폰을 쓰다 / 학생을 보고 혼냈다.

スマホ 스마호 는 スマートフォン 스마-토훵 (스마트폰)의 줄임말입니다.

관계가 나빠져서, 이혼도 생각하고 있습니다.

관계가 나쁘게 돼서, 이혼도 생각하고 있습니다.

い 이 형용사의 어미를 く 쿠로 바꾸고 なる 나루 를 붙이면 '(형용사) 해지다'라는 표현이 됩니다.
寒くなる 사무쿠나루 는 '추워지다'라는 뜻입니다.

내 질문은 계속 무시하고 있다.

나의 질문은 계속 무시하고 있다.

ずっと 즛토 는 '계속'이라는 뜻 외에 '훨씬'이라는 뜻도 있습니다.
'훨씬 옛날'이라는 표현도 ずっと昔 즛토무카시 라고 합니다.

병간호에 대해 고민하고 있다.

병간호에 대해서 고민하고 있다.

悩む 나야무 는 '괴로워하다', '고민하다'라는 뜻의 동사입니다.
비슷한 표현으로는 考える 캉가에루 (생각하다)가 있습니다.

종조사

지금 몇 시야?
지금 몇 시니?
지금 몇 시냐?

위의 3문장은 모두 같은 뜻의 반말 문장입니다. 하지만, 이 3문장이 모두 같다고 볼 수는 없습니다. 마지막에 **야, 니, 냐** 중 어느 것이 오느냐에 따라 조금씩 뉘앙스가 달라지기 때문이지요. 이렇게 문장의 가장 마지막에 붙어서 뉘앙스의 차이를 만드는 것을 종조사라고 합니다.

종조사 덕분에 우리는 말하는 사람이 남자인지 여자인지, 또는 어떤 생각으로 이 말을 하는지를 좀 더 편리하게 알 수 있습니다. 하지만 그뿐입니다. 종조사 때문에 내용 자체가 바뀌거나 하는 일은 잘 일어나지 않습니다. 왜냐하면, 종조사는 이미 완성된 문장 뒤에 추가로 붙여주는 표현에 불과하기 때문입니다.

おいしい	오이시이	O	
おいしいな	오이시이나	O	맛있다
おいしいわ	오이시이와	O	
おいしいね	오이시이네	O	

종조사 하나에 의미 하나, 이런 공식이 있는 건 아닙니다. 종조사 하나를 여러 방법으로 사용하기도 하거든요. 앞에 나왔던 예문들을 떠올려 보세요. **맛있다**라는 감탄 표현에 종조사가 な나, わ와, ね네까지 3개나 사용할 수 있었죠.

그렇다면, 이들은 어떤 차이를 가지는 걸까요? 우리말에도 비슷한 경우를 찾을 수 있습니다. 종조사는 아니지만 말이죠.

맛있다.
맛있어.
맛있구나.
맛있구려.
맛있네.

위의 표현들은 모두 같은 의미지만, 뒤에 오는 말 ~다나 ~어, ~구나, ~구려, ~네 등에 따라서 조금씩 다른 뉘앙스를 보입니다. 그리고 그 뉘앙스의 차이는 뭔가 딱 집어 설명하기 어려운 것이죠. 종조사 역시 마찬가지입니다. 수많은 상황과 예문을 보고 들으면서 시나브로 느낌을 알아가는 것이죠.

일본어는 아직도 남성어와 여성어의 차이가 뚜렷한데, 특히 종조사가 그렇습니다. 남자가 わ와를 쓴다거나, 여자가 ぞ조를 쓴다면 굉장히 특이하고 이상하게 보죠. 우선 뉘앙스 차이가 없다고 생각하고, 남성과 여성의 종조사만 구별해서 사용하면 좋겠습니다.

그렇다면, 성별에 따라 어떤 종조사를 쓸 수 있는지 알아보겠습니다.

감탄	おいしい な。 오이시이 나.	맛있네.	
	おいしい わ。 오이시이 와.	맛있네.	
	おいしい ね。 오이시이 네.	맛있네.	
결심	行く ぜ。 이쿠 제.	간다.	
	行く わ。 이쿠 와.	간다.	
금지	走る な。 하시루 나.	뛰지 마.	
단정	関係ない さ。 캉케에나이 사.	상관없어.	
	関係ない の。 캉케에나이 노.	상관없어.	

일본어와 우리말은 지나치게 비슷하다

소원	来て よ。 키테 요.	와 줘.
	あったら いい な。 앋타라 이이 나.	있으면 좋을텐데.
정보 전달	テスト は 1時 よ。 테스토 와 이치지 요.	시험은 1시야.
주장	全部 言う よ。 젬부 이우 요.	전부 말할 거야.
	全部 言う ぞ。 젬부 이우 조.	전부 말할 거야.
	全部 言う わ。 젬부 이우 와.	전부 말할 거야.
확인	テスト は 2時 ね? 테스토 와 니지 네?	시험은 2시지?

남자분들은 남성용 종조사만, 여자분들은 여성용 종조사만 외워두시면 충분합니다. 종조사는 뉘앙스일 뿐이라, 기초 학습자 입장에서는 상대가 하는 말까지 정확하게 알아들을 필요가 없습니다. 또한, 종조사를 모른다 하더라도, 상대의 말투, 표정 등에서 충분히 뉘앙스를 짐작할 수 있기 때문이죠.

종조사는 보통 1글자, 길어야 2글자이지만, 이에 비해 상당히 큰 차이가 만들어지기도 합니다. 예시를 한 번 볼까요?

明日 が 発表 です。 　　　내일이 발표입니다.
아시타 가 핫표오 데스.

明日 が 発表 です わ。 　　내일이 발표네요.
아시타 가 핫표오 데스 와.

明日 が 発表 です よ。 　　내일이 발표예요.
아시타 가 핫표오 데스 요.

먼저, 아무런 종조사도 붙지 않은 첫 번째 문장을 보겠습니다. 이 문장은 **내일이 발표입니다.** 라는 단순한 사실을 적시하고 있습니다. 어떤 감정이나 뉘앙스의 차이도 느낄 수 없죠.

그렇다면, 두 번째 문장은 어떨까요? 여기에서는 わ 와 가 종조사로 사용됐군요. 이걸로 우리는 이 문장을 **말하는 사람이 여성**이라는 것을 알 수 있습니다. 그리고, 그녀는 **벌써 내일이 발표**라며 놀라고 있습니다. 어떤가요? 문장에 붙은 한 글자로 우리는 2개나 되는 정보를 얻을 수 있습니다.

마지막 문장을 보겠습니다. よ 요 는 남성, 여성을 불문하고 쓸 수 있는 종조사니까 말하는 사람의 성별을 알 수 없네요. 하지만 よ 요 는 정보 전달, 주장, 훈계를 의미하는 종조사죠. 이걸로 우리는 이 말을 듣는 사람이 **내일 발표**라는 정보를 몰랐을 것으로 추측해볼 수 있습니다. よ 요 는 특히 주장과 정보 전달을 나타낼 때 두루두루 쓰이는 종조사입니다. 특히 상대방이 모르는 정보를 알려줄 때 많이 쓰이죠. 다만, 이때 이 정보를 듣는 사람이 과연 이 정보를 원했는지는 알 수 없습니다.

일본어와 우리말은 지나치게 비슷하다

한 번 더 예시를 살펴볼까요?

すごかった。　　　　　　　　대단했다.
스고칻타.

すごかったね?　　　　　　　대단했지?
스고칻타 네?

すごかったな。　　　　　　　대단했지.
스고칻타 나.

위 3문장은 모두 무언가가 **대단했다**라고 평가하고 있습니다. 하지만 앞의 예시와 마찬가지로, 종조사에 따라 조금씩 다른 뉘앙스를 풍기고 있죠. 이번에도 하나하나 문장별로 알아보겠습니다.

첫 번째, 아무 종조사도 붙지 않은 すごかった。스고칻타. 는 그냥 평가나 개인 소견일 뿐입니다. 여기에서는 어떠한 감정이나 뉘앙스, 정보를 얻을 수 없네요.

두 번째 문장을 볼까요? 여기에서는 종조사 ね 네 가 사용됐습니다. ね 네 는 어떤 감정을 표현하기 위해서 사용하는지에는 상관없이, **동의**의 뉘앙스를 가지고 있습니다. 예를 들면, すごかったね? 스고칻타네? 라고 하면, 굉장했다는 **감탄**과 함께, **너도 그렇게 생각하지?** 라는 무언의 뉘앙스를 함께 갖추고 있는 것입니다. 그래서, ね 네 는 문장 기호가 물음표가 아니더라도 질문처럼 생각하는 게 좋습니다.

마지막 문장을 보면, 여기에서는 な 나 가 사용됐군요. な 나 는 혼잣말에 많이 사용되는 종조사입니다. 가벼운 단정의 뉘앙스를 가지고 있어서, **너는 대단하다고 생각하지 않더라도, 나는 대단하다고 생각한다.** 라는 뉘앙스를 풍기는 것이죠.

마지막으로 각 종조사별 용법과 예문을 볼까요? 이번에도 남성이 사용하는 종조사, 여성이 사용하는 종조사, 남녀 구분 없이 사용하는 종조사로 나뉘어 있습니다.

わ 와	놀람이나 감탄을 나타냄	おいしい**わ**。오이시이 와. 맛있네.
	가벼운 주장을 나타냄	全部 言う**わ**。젬부 이우 와. 전부 말할 거야.
	결심을 나타냄	行く**わ**。이쿠 와. 간다.
の 노	단정할 때 사용	関係ない**の**。캉케에나이 노. 상관없어.
	의문을 나타낼 때 사용	知らない**の**? 시라나이 노? 몰라?
ね 네	놀람이나 감탄, 감동을 나타냄	おいしい**ね**。오이시이 네. 맛있네.
	동의를 구하는 의미로 사용	青色です**ね**? 아오이로 데스 네? 파란색이죠?
よ 요	주장을 나타냄	全部 言う**よ**。젬부 이우 요. 전부 말할 거야.
	소원, 권유를 나타냄	来て**よ**。키테 요. 와 줘.

일본어와 우리말은 지나치게 비슷하다

な 나	감탄을 나타냄	おいしい**な**。오이시이 나. 맛있네.
	동사 기본형 + な 나 의 형태로 금지 명령형을 나타냄	走る**な**。하시루 나. 뛰지 마.
	소원을 나타냄	あったら いい**な**。앝타라 이이 나. 있으면 좋을텐데.
さ 사	가볍게 단언, 단정하는 느낌을 나타낼 때	関係ない**さ**。캉케에나이 사. 상관없어.
	확인의 의미로 사용	全部 言う**さ**。젬부 이우 사. 전부 말할 거야.
ぞ 조	강한 주장을 나타냄	全部 言う**ぞ**。젬부 이우 조. 전부 말할 거야.
ぜ 제	가벼운 결심을 나타냄	行く**ぜ**。이쿠 제. 간다.

201

日本語と韓国語はあまりにも似ている

외워두면* 유용한 8문형

외워두면 유용한 8문형

1. 타베 테 미루.
   食べ てみる。 먹어 보다.

2. 타베 테 미타.
   食べ てみた。 먹어 봤다.

3. 타베 테 미마스.
   食べ てみます。 먹어 봅니다.

4. 타베 테 미마시타.
   食べ てみました。 먹어 봤습니다.

5. 타베 테 미 나이.
   食べ てみない。 먹어 보지 않다.

6. 타베 테 미 나칸타.
   食べ てみなかった。 먹어 보지 않았다.

7. 타베 테 미 마셍.
   食べ てみません。 먹어 보지 않습니다.

8. 타베 테 미 마셴 데시타.
   食べ てみませんでした。 먹어 보지 않았습니다.

일본어와 우리말은 지나치게 비슷하다

외워두면 유용한 8문형

1. **카 이테 미루.**
   書 いてみる。써 보다.

2. **카 이테 미타.**
   書 いてみた。써 봤다.

3. **카 이테 미마스.**
   書 いてみます。써 봅니다.

4. **카 이테 미마시타.**
   書 いてみました。써 봤습니다.

5. **카 이테 미 나이.**
   書 いてみない。써 보지 않다.

6. **카 이테 미 나칻타.**
   書 いてみなかった。써 보지 않았다.

7. **카 이테 미 마셍.**
   書 いてみません。써 보지 않습니다.

8. **카 이테 미 마센 데시타.**
   書 いてみませんでした。써 보지 않았습니다.

외워두면 유용한 8문형

1. **시 테 미루.**
   してみる。 해보다.

2. **시 테 미타.**
   してみた。 해봤다.

3. **시 테 미마스.**
   してみます。 해봅니다.

4. **시 테 미마시타.**
   してみました。 해봤습니다.

5. **시 테 미 나이.**
   してみない。 해보지 않다.

6. **시 테 미 나칻타.**
   してみなかった。 해보지 않았다.

7. **시 테 미 마셍.**
   してみません。 해보지 않습니다.

8. **시 테 미 마셴 데시타.**
   してみませんでした。 해보지 않았습니다.

일본어와 우리말은 지나치게 비슷하다

외워두면 유용한 8문형

1. **키 테 미루.**
   きてみる。 와 보다.

2. **키 테 미타.**
   きてみた。 와 봤다.

3. **키 테 미마스.**
   きてみます。 와 봅니다.

4. **키 테 미마시타.**
   きてみました。 와 봤습니다.

5. **키 테 미 나이.**
   きてみない。 와 보지 않다.

6. **키 테 미 나칻타.**
   きてみなかった。 와 보지 않았다.

7. **키 테 미 마셍.**
   きてみません。 와 보지 않습니다.

8. **키 테 미 마셴 데시타.**
   きてみませんでした。 와 보지 않았습니다.

きてみる

외워두면 유용한 8문형

1. **타베 테 시마우.**
   食べ てしまう。 먹어 버리다.

2. **타베 테 시맛타.**
   食べ てしまった。 먹어 버렸다.

3. **타베 테 시마이마스.**
   食べ てしまいます。 먹어 버립니다.

4. **타베 테 시마이마시타.**
   食べ てしまいました。 먹어 버렸습니다.

1. **카 이테 시마우.**
   書 いてしまう。 써 버리다.

2. **카 이테 시맛타.**
   書 いてしまった。 써 버렸다.

3. **카 이테 시마이마스.**
   書 いてしまいます。 써 버립니다.

4. **카 이테 시마이마시타.**
   書 いてしまいました。 써 버렸습니다.

일본어와 우리말은 지나치게 비슷하다

외워두면 유용한 8문형

1. **시 테 시마우.**
   して しまう。 해버리다.

2. **시 테 시맏타.**
   して しまった。 해버렸다.

3. **시 테 시마이마스.**
   して しまいます。 해버립니다.

4. **시 테 시마이마시타.**
   して しまいました。 해버렸습니다.

---

1. **키 테 시마우.**
   きて しまう。 와버리다.

2. **키 테 시맏타.**
   きて しまった。 와버렸다.

3. **키 테 시마이마스.**
   きて しまいます。 와버립니다.

4. **키 테 시마이마시타.**
   きて しまいました。 와버렸습니다.

してしまう

教えてくれる

외워두면 유용한 8문형

1. **오시에 테 쿠레루.**
   教え てくれる。 가르쳐 **주다.** (나에게)

2. **오시에 테 쿠레타.**
   教え てくれた。 가르쳐 **줬다.** (나에게)

3. **오시에 테 쿠레마스.**
   教え てくれます。 가르쳐 **줍니다.** (나에게)

4. **오시에 테 쿠레마시타.**
   教え てくれました。 가르쳐 **줬습니다.** (나에게)

5. **오시에 테 쿠레 나이.**
   教え てくれない。 가르쳐 주지 않다. (나에게)

6. **오시에 테 쿠레 나칻타.**
   教え てくれなかった。 가르쳐 주지 않았다. (나에게)

7. **오시에 테 쿠레 마셍.**
   教え てくれません。 가르쳐 주지 않습니다. (나에게)

8. **오시에 테 쿠레 마셴 데시타.**
   教え てくれませんでした。 가르쳐 주지 않았습니다. (나에게)

일본어와 우리말은 지나치게 비슷하다

외워두면 유용한 8문형

1. **카 이테 쿠레루.**
   書 いてくれる。 써주다. (나에게)

2. **카 이테 쿠레타.**
   書 いてくれた。 써줬다. (나에게)

3. **카 이테 쿠레마스.**
   書 いてくれます。 써줍니다. (나에게)

4. **카 이테 쿠레마시타.**
   書 いてくれました。 써줬습니다. (나에게)

5. **카 이테 쿠레 나이.**
   書 いてくれない。 써주지 않다. (나에게)

6. **카 이테 쿠레 나캇타.**
   書 いてくれなかった。 써주지 않았다. (나에게)

7. **카 이테 쿠레 마셍.**
   書 いてくれません。 써주지 않습니다. (나에게)

8. **카 이테 쿠레 마셍 데시타.**
   書 いてくれませんでした。 써주지 않았습니다. (나에게)

외워두면 유용한 8문형

1. **시 테 쿠레루.**
   してくれる。 해주다. (나에게)

2. **시 테 쿠레타.**
   してくれた。 해 **줬다**. (나에게)

3. **시 테 쿠레마스.**
   してくれます。 해**줍니다**. (나에게)

4. **시 테 쿠레마시타.**
   してくれました。 해 **줬습니다**. (나에게)

5. **시 테 쿠레 나이.**
   してくれない。 해주지 않다. (나에게)

6. **시 테 쿠레 나칻타.**
   してくれなかった。 해주지 않았다. (나에게)

7. **시 테 쿠레 마셍.**
   してくれません。 해주지 않습니다. (나에게)

8. **시 테 쿠레 마셍 데시타.**
   してくれませんでした。 해주지 않았습니다. (나에게)

일본어와 우리말은 지나치게 비슷하다

외워두면 유용한 8문형

1. **키 테 쿠레루.**
   き てくれる。 와주다. (나에게)

2. **키 테 쿠레타.**
   き てくれた。 와 줬다. (나에게)

3. **키 테 쿠레마스.**
   き てくれます。 와줍니다. (나에게)

4. **키 테 쿠레마시타.**
   き てくれました。 와 줬습니다. (나에게)

5. **키 테 쿠레 나이.**
   き てくれない。 와주지 않다. (나에게)

6. **키 테 쿠레 나캇타.**
   き てくれなかった。 와주지 않았다. (나에게)

7. **키 테 쿠레 마셍.**
   き てくれません。 와주지 않습니다. (나에게)

8. **키 테 쿠레 마센 데시타.**
   き てくれませんでした。 와주지 않았습니다. (나에게)

きてくれる

教えてあげる

외워두면 유용한 8문형

1. **오시에 테 아게루.**
   教え て あげる。 가르쳐 **주다.** (남에게)

2. **오시에 테 아게타.**
   教え て あげた。 가르쳐 **줬다.** (남에게)

3. **오시에 테 아게마스.**
   教え て あげます。 가르쳐 **줍니다.** (남에게)

4. **오시에 테 아게마시타.**
   教え て あげました。 가르쳐 **줬습니다.** (남에게)

5. **오시에 테 아게 나이.**
   教え て あげない。 가르쳐 **주지 않다.** (남에게)

6. **오시에 테 아게 나칻타.**
   教え て あげなかった。 가르쳐 **주지 않았다.** (남에게)

7. **오시에 테 아게 마셍.**
   教え て あげません。 가르쳐 **주지 않습니다.** (남에게)

8. **오시에 테 아게 마셴 데시타.**
   教え て あげませんでした。 가르쳐 **주지 않았습니다.** (남에게)

일본어와 우리말은 지나치게 비슷하다

외워두면 유용한 8문형

1. **카 이테 아게루.**
   書 いて あげる。 써주다. (남에게)

2. **카 이테 아게타.**
   書 いて あげた。 써줬다. (남에게)

3. **카 이테 아게마스.**
   書 いて あげます。 써줍니다. (남에게)

4. **카 이테 아게마시타.**
   書 いて あげました。 써줬습니다. (남에게)

5. **카 이테 아게 나이.**
   書 いて あげ ない。 써주지 않다. (남에게)

6. **카 이테 아게 나칻타.**
   書 いて あげ なかった。 써주지 않았다. (남에게)

7. **카 이테 아게 마셍.**
   書 いて あげ ません。 써주지 않습니다. (남에게)

8. **카 이테 아게 마센 데시타.**
   書 いて あげ ません でした。 써주지 않았습니다. (남에게)

書いてあげる

してあげる

외워두면 유용한 8문형

1. **시 테 아게루.**
   してあげる。해**주다**. (남에게)

2. **시 테 아게타.**
   してあげた。해**줬다**. (남에게)

3. **시 테 아게마스.**
   してあげます。해**줍니다**. (남에게)

4. **시 테 아게마시타.**
   してあげました。해**줬습니다**. (남에게)

5. **시 테 아게 나이.**
   してあげない。해주지 않다. (남에게)

6. **시 테 아게 나캇타.**
   してあげなかった。해주지 않았다. (남에게)

7. **시 테 아게 마셍.**
   してあげません。해주지 않습니다. (남에게)

8. **시 테 아게 마셍 데시타.**
   してあげませんでした。해주지 않았습니다. (남에게)

일본어와 우리말은 지나치게 비슷하다

외워두면 유용한 8문형

1. **키 테 아게루.**
   きてあげる。 와**주다**. (남에게)

2. **키 테 아게타.**
   きてあげた。 와**줬다**. (남에게)

3. **키 테 아게마스.**
   きてあげます。 와**줍니다**. (남에게)

4. **키 테 아게마시타.**
   きてあげました。 와**줬습니다**. (남에게)

5. **키 테 아게 나이.**
   きてあげない。 와주지 않다. (남에게)

6. **키 테 아게 나칻타.**
   きてあげなかった。 와주지 않았다. (남에게)

7. **키 테 아게 마셍.**
   きてあげません。 와주지 않습니다. (남에게)

8. **키 테 아게 마셍 데시타.**
   きてあげませんでした。 와주지 않았습니다. (남에게)

きてあげる

教えてもらう

외워두면 유용한 8문형

1. 오시에 테 모라우.
   教え てもらう。
   가르쳐 **받다**.
   (나에게) 가르쳐 주다.

2. 오시에 테 모랃타.
   教え てもらった。
   가르쳐 **받았다**.
   (나에게) 가르쳐 줬다.

3. 오시에 테 모라이마스.
   教え てもらいます。
   가르쳐 **받습니다**.
   (나에게) 가르쳐 줍니다.

4. 오시에 테 모라이마시타.
   教え てもらいました。
   가르쳐 **받았습니다**.
   (나에게) 가르쳐 줬습니다.

5. 오시에 테 모라와 나이.
   教え てもらわない。
   가르쳐 **받지 않다**.
   (나에게) 가르쳐 주지 않다.

6. 오시에 테 모라와 나칻타.
   教え てもらわなかった。
   가르쳐 **받지 않았다**.
   (나에게) 가르쳐 주지 않았다.

7. 오시에 테 모라이 마셍.
   教え てもらいません。
   가르쳐 **받지 않습니다**.
   (나에게) 가르쳐 주지 않습니다.

8. 오시에 테 모라이 마셴 데시타.
   教え てもらいませんでした。
   가르쳐 **받지 않았습니다**.
   (나에게) 가르쳐 주지 않았습니다.

일본어와 우리말은 지나치게 비슷하다

외워두면 유용한 8문형

1	카 이테 모라우. 書いてもらう。	써받다. (나에게) 써 주다.
2	카 이테 모랃타. 書いてもらった。	써받았다. (나에게) 써 줬다.
3	카 이테 모라이마스. 書いてもらいます。	써받습니다. (나에게) 써 줍니다.
4	카 이테 모라이마시타. 書いてもらいました。	써받았습니다. (나에게) 써 줬습니다.
5	카 이테 모라와 나이. 書いてもらわない。	써받지 않다. (나에게) 써 주지 않다.
6	카 이테 모라와 나칻타. 書いてもらわなかった。	써받지 않았다. (나에게) 써 주지 않았다.
7	카 이테 모라이 마셍. 書いてもらいません。	써받지 않습니다. (나에게) 써 주지 않습니다.
8	카 이테 모라이 마셍 데시타. 書いてもらいませんでした。	써받지 않았습니다. (나에게) 써 주지 않았습니다.

외워두면 유용한 8문형

1. **시 테 모라우.**
   してもらう。
   해**받다**.
   (나에게) 해 주다.

2. **시 테 모랃타.**
   してもらった。
   해**받았다**.
   (나에게) 해 줬다.

3. **시 테 모라이마스.**
   してもらいます。
   해**받습니다**.
   (나에게) 해 줍니다.

4. **시 테 모라이마시타.**
   してもらいました。
   해**받았습니다**.
   (나에게) 해 줬습니다.

5. **시 테 모라와 나이.**
   してもらわない。
   해**받지 않다**.
   (나에게) 해 주지 않다.

6. **시 테 모라와 나칻타.**
   してもらわなかった。
   해**받지 않았다**.
   (나에게) 해 주지 않았다.

7. **시 테 모라이 마셍.**
   してもらいません。
   해**받지 않습니다**.
   (나에게) 해 주지 않습니다.

8. **시 테 모라이 마셍 데시타.**
   してもらいませんでした。
   해**받지 않았습니다**.
   (나에게) 해 주지 않았습니다.

일본어와 우리말은 지나치게 비슷하다

외워두면 유용한 8문형

1	**키 테 모라우.** き てもらう。	와**받다.** (나에게) 와 주다.
2	**키 테 모랃타.** き てもらった。	와**받았다.** (나에게) 와 줬다.
3	**키 테 모라이마스.** き てもらいます。	와**받습니다.** (나에게) 와 줍니다.
4	**키 테 모라이마시타.** き てもらいました。	와**받았습니다.** (나에게) 와 줬습니다.
5	**키 테 모라와 나이.** き てもらわない。	와**받지 않다.** (나에게) 와 주지 않다.
6	**키 테 모라와 나칻타.** き てもらわなかった。	와**받지 않았다.** (나에게) 와 주지 않았다.
7	**키 테 모라이 마셍.** き てもらいません。	와**받지 않습니다.** (나에게) 와 주지 않습니다.
8	**키 테 모라이 마셴 데시타.** き てもらいませんでした。	와**받지 않았습니다.** (나에게) 와 주지 않았습니다.

きてもらう